安心できる男《ひと》

四千頭身
後藤拓実

中央公論新社

はじめに

こんにちは。四千頭身の後藤と言います。顔がものすごく小さいわけでも体がものすごく長いわけでもありません。四千頭身というトリオ名で活動しているお笑い芸人です。ワクワクさせてしまってすみません。5年前の「はじめに」だったらみなさんご存知四千頭身の後藤です。みたいな感じで生意気に書き始めていたと思います。謙虚な気持ちは大事ですね。この本はその5年ほど前からやっていた連載をまとめたものであります。生意気なものもありますので、その生意気なものを読んだ今の僕の感想などもありつつ、書き下ろしのものも多数あります。生意気時代の連載が書籍化されることは少し恥ずかしいですが、そんな人間のお笑いに対する気持ちが変わっていく様子なども楽しんでいただけたらと思います。こんな今の僕の本を手に取っていただいて本当にありがとうございます。読み切っていただけたらもっとありがとうございます。面白いと思っていただいたらもっともっとありがとうございます。面白いと思っていただいて他の方におすすめなどしていただいたらもっともっともっとありがとうございます。みなさんでもっとを増やしていただけるともっともっともっともっともっとありがとうございます。ではどうぞお好きなところから。

もくじ

67

2021/4-2022/3

93

2022/4-2023/3

2019/4

2020/3

20190424

3人でも四千頭身

はじめまして。四千頭身の後藤拓実と申します。

今回のテーマがネーミングということなので自己紹介も兼ねてなぜ四千頭身という名前になったのか、なぜ後藤拓実という名前になったのかを書いていきたいと思います。

四千頭身の名前の由来は僕の相方である石橋遼大と大喜利をしていた時に、出てきた写真を見て一言何か言うというお題があり、その時出てきた龍の写真を見て、それに対する僕の答えが四千頭身だったことでした。

龍の体の長さを見て四千頭身くらいあるなぁと思い答えました。あまりにもリズムのいい答えだなぁと自分で思いそのままトリオの名前にしました。

そうです僕らは3人組です。3人での初ライブ。どうも四千頭身です。と言った時に気づきました。

3なのに4じゃんと。そのライブが終わり、僕は1人で考えました。僕らのトリオ名を三千頭身にするか、もしくは四千頭身をカルテットグループにするか。

その時、またあの時見た龍の写真が頭に浮かびました。どう見てもあの長さは四千頭身。三千頭身にするわけにはいかない。そう思い、じゃあもう1人増やすしかない。僕は2人に相談しました。僕らは四千頭身だ、しかし3人組だ、足りないんだ、と。すると2人は。足りている。むしろ足りすぎている、むしろ他より多い。コテンパンに言われました。確かにと思いました。

そうして今も3人組ながらも四千頭身という名前でやっております。お笑いコンビ三四郎さんもきっと同じ感じの由来だと僕は思っています。

そして僕がなぜ後藤拓実という名前になったのかは僕の本名だからです。芸名でやっている人もいますが僕は本名で。本名のまま伝説になるためです。

本名の由来？　それは僕のお母さんに聞いてください。みなさまこんな僕をよろしくお願いします。

20190529

プロボクサーの「グー」

今日はこの連載コラムのタイトル「思うじゃんけん」について書いていこうと思います。思っているだけなのでまだ本当に書くかどうかは分かりません。よろしくお願いします。

正直なところ「思うじゃんけん」というタイトルの由来は僕の勘違いからきています。

コラムのタイトルどうしますかと聞かれて、初回のコラムのタイトルだと勘違いして、初回はじゃんけんについて書こうと思い「思うじゃんけん」で送ったところそれが固定タイトルになっていました。未《いま》だに焦ります。それも味と言い聞かせます。

タイトルの通り僕はじゃんけんに対しておかしいと思ったことがあります。

グーとグーはあいこになりますよね。ではみなさんに問題です。僕後藤拓実とプロボクサーの井上尚弥さんがじゃんけんしました。２人ともグーを出しました。結果はどうなるでしょうか。

みなさんはあいこと答えると思いますが僕は、僕が負けると思うんです。だってよく考えてください。僕のグーと井上尚弥さんのグーがあいこなわけなくないですか？

グー同士で戦うとしたら勝てるわけがないんです。なんならチョキの方が可能性あるんじゃないかとか思います。これがじゃんけんのおかしなところです。

じゃんけんってなんなんですかね。考えれば考えるほど分からない。

でもきっと世界にじゃんけんを知らない人っていないと思うんです。ミルクよりも先に覚えると思うんです。

深く考えたことないけどみんなやっている。それってすごく魅力的なものなんじゃないかと思います。高卒の僕ですが大学に行きたかったとたまに思います。じゃんけんについての研究をしに。

はい。本当に書きました。思ったことはやるべきです。

20190626

第七世代のわけがない

どうもこんばんは。後藤です。今月も四千頭身というトリオで活動継続中でございます。都築くんと石橋くんと四千頭身を組んで早くも4年目になりました。

そんな四千頭身ですが最近「お笑い第七世代」という呼ばれ方をしております。そんなお笑い第七世代について思うことを書いてみようと思います。

僕らのほかにお笑い第七世代と呼ばれる方たちは、霜降り明星さん、ゆりやんレトリィバァさん、ハナコさんなど若くして賞レースの頂点を取った人もいれば、EXITさん、宮下草薙さんなどバラエティーなどで活躍するコンビの方もいて大変にぎわっておるという印象でございます。

その中に入《はい》れてるということは大変嬉しく思います。僕は7という数字は大変好きでございまして、そこも嬉しく思います。

お笑い第七世代という言葉も大変かっこよく思いますが、第七世代っていうことは、その前の第六世代があり、その前の第五世代があり、原点にはお笑い第一世代というものがあると思うのです。言ってしまえば、お笑い初代。かっこいいと思います。

だがしかし、「お笑い第一世代」、ここに属している人たちがお笑いを作り上げたのかと聞かれると、きっとそうではないと思います。笑いというものは人が初めて笑った瞬間、むしろ人じゃない何かが初めて笑った瞬間からあると思うのです。

よくある表現で晴れの日には太陽が笑っていると言いますよね。ということは太陽が生まれた時。そうです46億年前です（知っている感じで書きましたが完全に調べました）。

つまり最低でも46億年前からお笑いはあると思うのです。僕の思うお笑い第一世代は太陽。だとしたら僕らが第七世代なわけないと思うのです。10年ごとに世代が変わるとして4億6000万世代なわけです。

お笑い第七世代の四千頭身後藤から訂正させてください。いまお笑い第七世代とされているお笑い芸人さんたちは第七世代ではありません。

お笑い4億6000万世代です。これでカンペキ。

20190724

地球を釣る祖父

どうも今月も後藤です。婿入りはしていません。

今月は高校3年生の夏にお別れした夏休みについて書いていこうと思います。夏休みは幼稚園の年少さんから高校3年生まで計15回経験してきましたが一番楽しかった夏休みはやはり小学生の時ですね。

毎年岩手県大船渡市にある祖父母の家に帰っていました。その期間が楽しすぎて僕はずっと岩手に暮らすつもりでいたくらい好きでした。

特に好きだったのが海釣りです。その思い出の一つにこんなものがあります。

夏の照りつける暑さの中一緒に釣りをしていた祖父がこう言ったのです。

「地球を釣った」

ただ海中の岩に釣り針が引っかかってしまっているだけであることを今の僕は理解できます。釣り人の中ではよくある言葉みたいです。

しかしその時の僕は小学生。全くその言葉をそのまんま受け取り、この人はなんて偉大な人なんだ。地球を釣れる祖父を持つ友達が周りに何人いるだろうか。とても誇らしい気持ちになったのです。

しかし祖父はなかなかリールを巻かないので、何をしてるんだ早く巻き上げないか、と聞いたところ、パンっという破裂音とともに釣り針も錘《おもり》も失った釣り糸だけが海面から出てきました。僕はショックでした。

釣り上げられた地球見てみたかったなぁとだけ思いながら自分の釣り竿《ざお》のリールを巻いているとかなりの重みを感じたのです。

これはきた！　と思い、祖父に報告しました。「ひいてるひいてる」と。すると祖父はこう言ったのです。

「どうせ地球釣ってんだよ」と。まさかでした。僕の祖父はどうせのレベルで地球を釣るのかと。なんてすごい祖父なんだと。僕も祖父みたいになりたい。その思いだけで僕はリールを回し続けました。

絶対に釣ってやる絶対に釣ってやる。リールを巻き続け海面から顔を出したのは大きなアイナメでした。がっかりしました。その横で祖父は大喜びしていました。

あの時の雰囲気の違和感を僕は忘れません。

20190828

夏の終わり セミとの戦い

どうも。後藤です。トリオ名は四千頭身です。ここでだけは四千頭身よりも先に後藤を名乗らせていただきます。

先月は夏の思い出を書かせていただいたのですが、今月は夏の終わりの思い出を書かせていただきます。

夏の終わりになると街中にセミがたくさん裏側になって倒れているのを皆さんも見たことがあると思います。僕はあれに近づくのがとても苦手で道の真ん中にセミが倒れている時は生きていたら飛んでくると考えて端っこを歩きます。

それほど苦手なセミがある日、外に出ようと家の玄関を出たら倒れていたのです。これはまずいと思いゆっくりセミから一番遠い距離をとって通り抜けようとするとバリバリバリッという音と共にセミが飛び立ちました。

やはり生きていた。ぎゃぁぁぁという僕の声を無視してそのセミが向かったのはなんと閉まる直前の玄関の方。ラグビー日本代表の南アフリカ戦のあの感動のクライマックスを思い出していただけると想像しやすいかと思います。

狭い閉まりかけの南アフリカの守備をこじ開けてトライした日本代表のように、狭い閉まりかけのドアをこじ開けるようにセミは僕の家にトライしたのです。やられた。南アフリカ側の気持ちを僕はその時知りました。

だが僕の戦いはまだ終わっていないむしろ始まったのです。恐る恐る玄関を開けると壁にひっついているセミがいました。目はあいません。セミは天井を見つめています。僕は大ピンチだ、どうしようと思っていたのと同時にあることに気づきました。

そうです。セミからしてもこの状況は大ピンチなのです。大ピンチ対大ピンチなのです。もし僕がセミと会話できれば直談判でなんとかなる状況なのです。

両者息をのむ状況の中お酒に酔った父親がやってきました。「おお、セミじゃん！」と言って父はセミを摑《つか》みました。すると「母ちゃんに自慢しよう」と僕に言い放ちリビングに向かいました。

僕はその後のことはリビングから聞こえた音声だけ覚えています。「見て、セミ！」「バリバリバリバリ〜」「ぎゃあああ」完全に僕のせいでした。そんな夏の終わりでした。

20190925

ルーキーズになれない

どうも四千頭身の後藤です。四千頭身といったらの後藤です。

ちょっとずつ涼しくなってきましたね。秋がきたということでスポーツについて。

僕は運動できなそうとか、運動やったことなさそうとかよく言われますが、言わせてください。なんと僕、中学生のとき野球部だったんです。

小学6年生の時にドラマ「ルーキーズ」がはやっていて不良の野球かっこいいと思い、中学生から始めました。とんでもなく影響を受けてしまうタイプです。

ルーキーズは知ってる人も多いと思いますが、不良生徒が甲子園を目指すというドラマでして、それに影響を受けた僕はまず野球部に入りました。

しかしこれが間違いでした。ルーキーズになるためにはまず不良にならなければ……だったのです。

不良より先に野球を始めてしまった僕はただの丸坊主になりました。

ここが僕が丸坊主になったきっかけです。

野球を始めて少し日がたち、ポジションを決める日が来ました。チャンスです。ルーキーズはポジションによって不良のタイプが違います。ここで目指すべき不良のビジョンが浮かびます。ついにルーキーズになれる。

しかし、顧問の先生から言い放たれたポジションはセカンド。

ルーキーズのセカンドといえば、そう、唯一真面目な御子柴くんです。……終わりました。

そこで僕はルーキーズになることを諦め、ただただ甲子園を目指す球児になろうと思いました。

気づいた人も多いと思います。そうです。僕がその時やっていたのは中学野球です。「甲子園」は高校野球です。それに気づいたのは2年生になる前あたりです。完全に何をしているのか分からなくなりました。

「不良が甲子園を目指す」を目指していたのですが「中学で野球やってるやつ」になりました。

しかし適当にやっていくのももったいないので一生懸命続けました。部員は21人。最後の大会でベンチに入れるのが20人。

光栄なことに唯一ベンチから外れるメンバーに選ばれることができました。

二度と野球はやりません。

20191023

サンマの悲劇

おはようございます。夕刊でしたね。こんばんは。後藤です。それにしても最近涼しくていいですね、秋ですね。

秋は夏バテもなくなって食欲の秋なんて言いますよね。読書の秋とかも言いますしいいですね秋は苗字がたくさんあって。

僕は出身地が岩手県の大船渡という場所ですごくサンマが有名なんですね。なので毎年秋になるとおばあちゃんの家から大量のサンマが届くんです。あれを見ると秋だなと思いますね。

それが家族だけでは食べきれないくらい来るので、ご近所の方にどうぞ食べてくださいと渡しに行くんです。ビニール袋に3匹くらい入れて。それも毎年やってたのですが、僕が高校3年生の時、事件はおきました。

仲良くさせていただいてる近所のご夫婦の家にサンマを僕一人で渡しに行った時、ピンポーンとインターホンを押すとドタドタドタとわんぱくな足音がドアの向こうから聞こえました。

去年はまだ歩けないくらい赤ちゃんだったのにもうこんな走れるくらい大きくなったのか。そう思いました。

出迎えてくれたのは予想通り、少し大きくなった男の子でした。これどうぞ。と先攻をとろうとしたのですが先攻でしゃべり出したのはその男の子の方でした。「トリック・オア・トリート」と。

刹那、サンマを渡そうとした僕の手がビタッと止まりました。しまった。その時気づきました。10月31日じゃないか。しかし僕が持っているのはどれだけウソついてもトリートではない。おかしな話ではあるがお菓子ではないんです。

まずい。廊下の向こうで見てるご夫婦も、完全に僕がお菓子を持ってきたと思って、ニコニコしながらこっちを見ている。このままでは確実にトリックされてしまう。考えろ、頭を使え後藤拓実。サンマは渡したい。でもトリックされたくない。

僕はサンマを2歳の男の子に突き出してこう言い放ちました。「これが俺からのトリックだ」。泣かせました。

なんであんなこと言ったのか分かりませんが、今考えても正解がなかったのでよかったのかと思います。

20191127

焼きうどんパンとヤンキー

どうも後藤です。反対から読んだら「うとご」です。鏡に映して読んだらなんて書いてあるかよくわかりません。まぁ後藤です。今月も第4週水曜日ですね。後藤のコラムのお時間です。今月は学園祭の思い出を書こうかなぁと思います。

僕の学園祭の思い出の中にいいものはありません。ですが1つだけ、男として成長できた学園祭はありました。それは高校3年生の時です。

僕の高校の学園祭には、他の高校からたくさんヤンキーが来てました。もう怖くてたまりません。高校3年生の時もたくさんのヤンキーが来てました。

そして、僕のクラスの出してる焼きうどんパンを買っていくんです。もっとヤンキーっぽいもの食えよとか、ヤンキーが焼きうどんパンに興味示すな、とかそもそも焼きうどんパンてなんなんだよ、とかいろいろ思いながら売ってました。

そして僕が焼きうどんパンの看板をもって廊下を歩いてる時に事件は起きました。松《まつ》葉《ば》杖《づえ》をついた見るからに極上のヤンキーが僕の目の前に現れたのです。

ここからはその人のことを極上ヤンキーと呼ばせてもらいます。そして極上ヤンキーに話しかけられました。「みゆきどこ?」と。「いや、どのみゆきだよ」って思いました。僕のクラスにみゆきなんて人はいません。

なんだこいつと思いながらもチキンな僕は丁寧に聞き返しました。みゆきさんの苗字わかりますかね? と。すると極上ヤンキーは「わかるよ。そりゃわかるだろ」って言いました。

会話になんねぇクソ野郎でした。でも知らないって言ったら多分殺されるのでどうしようか考えました。そしたら思いつきました。まてよと。こいつ松葉杖じゃんか。怪我《けが》してるじゃんか。勝てるじゃんか。勇敢な僕は言い放ちました。「知りません!」。すると極上ヤンキーはそうかと言って、焼きうどんパンを買って帰りました。

ヤンキーに悪い奴《やつ》はいない。ヤンキーは焼きうどんパンが好き。焼きうどんパンってなんだったんだろう。そういう話です。

20191225

想像してたサンタと違う

　どうも今月も後藤です。ただ今月から僕の姉が山本になりました。本当です。山本に嫁いだようです。姉は任せたぞ山本よ。あ、姉も山本になったのか。

　そんなことよりクリスマスですね。クリスマスの思い出を書いていきます。ただ思ってるだけなので本当に書くかは分かりません。うそです煽《あお》りました。煽りコラム。ちゃんとしますね。

　あれは忘れもしない小学4年生のクリスマスイブの夜でした。そうです、サンタさんがやってくる時です。毎年一番ワクワクしながら眠る瞬間でした。いつもよりちょっと早めに寝てました。早くプレゼントが見たくて。しかしその時の僕は早く眠りにつきすぎてトイレに行くことを忘れていたのです。深夜0時頃目を覚ましてしまい枕元を確認しました。そこにプレゼントはない。

　まだ来てないか。そう思ったのと同時に母親の言葉を思い出しました。「寝てないとサンタさん来ないよ」。まずい。僕はいま寝ていない。しかもトイレに行きたい。トイレに行った時にサンタさんが「こんな時間に起きてるなんて悪いやつだ」と思ってしまったら僕はプレゼントがもらえない。

どうしよう。汗をかきながら考えまくりました。しかも位置が二段ベッドの上。僕が起きた気配で下の段の姉が目を覚まして、姉もプレゼントをもらえないことになってしまったら僕は一生反省しなくてはならない。僕は二段ベッドの上でいろんなことを考えました。プレゼントがもらえなかったらどうしよう。お姉ちゃんを起こしたらどうしよう。漏れたらどうしよう。

漏れるのが一番まずいと思いトイレに行くことを決心しました。そして二段ベッドのハシゴに足をかけようと下を覗《のぞ》き込んだ時、目が合いました。そうです。サンタさんです。え、うそだろ。サンタって上から来んじゃないのかよ。思いっきりハシゴに足かけてんじゃん。そう思いました。めちゃめちゃスウェットだし。僕の想像のサンタさんとだいぶかけ離れていました。その瞬間に対して走馬灯から出演依頼が来てると思います。それを見なかったことにした僕はトイレのことをすっかり忘れて眠りにつきました。

朝、起きると枕元にプレゼント。というわけでみなさん、メリークリスマスでした。

20200129

福袋を選ぶ

どうも後藤です。今年も後藤です。来年も後藤です。お母さんもお父さんも妹も後藤です。姉だけ山本です。僕は後藤です。

みなさん明けましておめでとうございます。僕の担当が最終週なので明けすぎました。もう1月も終盤です。でも新年の挨拶《あいさつ》ってしときたいでしょ。大事でしょ。今年もお願いします。

ということで今月はお正月の思い出を。みなさんお正月といったら買うものありますよね。はい。違います。おせちではありません。おせちはお正月に買うものじゃなく、お正月までに買ってお正月に食べるものです。人によるか。ごめんなさい。

正解は福袋です。福袋買う人多いですよね。僕は買わないんですよ福袋。てゆうのもですね子供の頃に大失敗したことがあるんです。

毎年お母さんもおねぇちゃんも服が大好きでブランド物の福袋を買ったりするんです。僕は服に全く興味がなかったのですが、福袋には興味があって欲しいなとずっと思ってたんです。

そんな小学5年生の正月。あるチラシを見つけたのです。それは近くのおもちゃ屋さんのチラシでした。そこに大きく「大盤振る舞いお宝福袋！」と書いてあったのです。

おもちゃの福袋なんてサンタさんの持ってるアレじゃないかと思って、お母さんに頼み込み、すぐにそこのおもちゃ屋さんに連れてってもらいました。そこには沢山《たくさん》の福袋がありました。中には何が入ってるか分からず、ランダムで沢山置いてありました。

目をキラキラさせながらじっくり選びました。2個いい？　1個にしなさい。こんな会話を10回はしました。懐かしいです。ようやく決めたのは一番重たい一番大きい福袋でした。これに決めた。わくわくしながら家に帰りました。ドキドキしながら袋を開けました。

そこに入っていたのは、「君もすぐになれる。紙芝居職人！」という紙芝居セット1つでした。いやいや、見る側の世代なんですけど。と思いつつ開けました。

紙芝居を入れてめくっていく譜面台みたいなのが入ってました。いや、紙芝居入ってないのかい。説明書には、「紙芝居があれば君もすぐに紙芝居職人になれる」。じゃあ紙芝居入れとけよ……。

20200226

僕宛でないチョコ

どうもこんばんは。後藤です。そうなんです、夜に書いてます。皆が寝静まった時間だと思います。いや、皆が同時に眠っている時間なんてありえない、今も誰かがどこかで働いている。決めつけは良くないですねごめんなさい。ほとんどの人が寝静まった時間。に言い換えます。まぁ書いてる時間なんて読んでる皆さんからしたら何時でもいいのか。ちぇ。

というわけで今回は僕の甘くて苦いバレンタインデーの思い出を。書こうとしたのですがちゃんとしたやつを貰《もら》ったことなくて思い出も何もありませんでした。ちぇぇ。

だがしかし惜しかった思い出はあります。僕が中学生の頃同じクラスにMちゃんという可愛《かわい》い女の子がいました。

みんなその子が好きでした。いや、決めつけはよくない、ほとんどの人が好きでした。に言い換えます。バレンタインデーの日はほとんどの人がMちゃんにカッコつけるのです。まぁこれはあるあるな話ですね。

しかしそこはさすがモテモテのMちゃん、たくさんチョコを用意してきていてみんなに配っていました。さすがだなぁモテるやつは違うなと思って見てました。たいして喋《しゃべ》ったことないはずの僕の一番のお友達にもあげていました。なんでお前まで貰えるんだと聞くと、みんなの分あるらしいと言っていました。なぬ、ドキドキして待ちました。

しかしなかなか貰えず下校の時を迎えました。今年もなしかとうつむいて帰ろうとするとそこに立ちはだかったのはMちゃん。他のみんなとはグレードの違うチョコを持っています。

完全にきた。どうしたんだい？　いい声で言いました。これを担任の先生に渡しといてほしい。え？　僕じゃないの？　それはそうと、そもそもやっちゃいけない取り引きに巻き込まれた気分でした。分かりましたと受け取って、先生にMちゃんからですと渡すと、先生は言いました。これはお前のだ、Mちゃんお前のこと好きなんだぞって。

え、Mちゃん〜。言ってよ〜。こんな甘い話もってました、よかった。ちなみに途中で気づいたんですけどその女の子は野口さん。Nちゃんでした。ちぇぇぇ。

20200325

卒業式の思い出

こんばんは。だーれだ♪

はい、後藤でした。文字でやるとすぐバレてしまうんですね。今のだーれだ♪　で、目塞いだ人いませんもんね。文字を読むために新聞開いたんですもんね。反省反省。

今日は僕の卒業式の思い出を書いてみたいと思います。今年は新型コロナウイルスの問題もあり、卒業式が出来なかった最終学年の皆様がこれを読んで少しでも頭の中で卒業式を体験していただければいいなと思います。

僕は卒業式を4回経験しました。小学校、中学校、高校、ワタナベコメディスクールの4回です。この中で一番思い出に残っているのは、ワタナベコメディスクールの卒業式です。学生時代はあまり学校が楽しくなく、卒業式を待ちわびる毎日だったのでお笑い養成所の卒業式が一番印象に残るという事態になりました。なんなら泣きました。

しかしよく考えてください、そんなやついないんです。お笑い養成所ってお笑い事務所に入るためにお笑いを勉強する場所ですよ。早く芸人になりたい猛者《もさ》の集まりなんです。

事務所に入れることになった人もいれば、フリーでやってく人もいます。どちらにせよみんなの目はやっと1年終わった、これからやっと芸人になれるんだ、という夢と希望で輝いていていました。

僕はありがたいことに事務所に入れてもらえることになりましたが、泣いていました。こんなに友達ができた学生生活初めてだった、終わってほしくない。卒業式の間ずっとそう思ってました。初めてみんなと写真撮りたいなとか思っちゃったりもしました。たまに学生生活で一番楽しかったのはいつですかという質問をされますが、ワタナベコメディスクールと答えるくらい好きでした。

それもありますがごめんなさい、本当に印象に残った理由は他にもあります。それが一番大きいんですけど、卒業式にはワタナベコメディスクールの人だけじゃなく、アイドルを目指す子だったり女優を目指す子だったり、芸人以外の形で芸能界を目指す子たちもたくさんいるのです。

そういうことです、綺麗《きれい》な子いっぱいいるんです。だからです。印象に残ってるの。みんな頑張ってるかな。

2019/4 - 2020/3 解説

２０１９年。お笑い第七世代なんて呼ばれ始めたのはこの年からです。２０１９年か、調子に乗ってるんだろうなと思いながら改めて目を通しました。やはりところどころ調子に乗っていますね。なんというか、自分はお笑い第七世代というすぐに終わる流行りものだと分かっていない感じがしてとても腹が立ちます。すぐ終わるのに。確かに調子に乗るのも仕方ないとは思います。22歳ですよ、22歳で大阪の賞レースの決勝に残ったり、ゴールデンのネタ番組やバラエティー番組に呼んでいただいたりと、もう怖いものはなかったと思います。ただ自分はちょっと違うぞってことを無理やり表現している感じがして最高に恥ずかしい。皆さんと一緒に振り返りながら書いていきたいと思います。まず最初の、龍から拝借した話。四千頭身がこの由来なのは本当なのでまぁいいかなと思って読んでいたのですが、最後の方の「三四郎さんもきっと同じ感じの由来だと僕は思っています。」が最高に意味が分からない。絶対に龍から拝借してないもの。多分、2人組なのにコンビ名に違う数字の「三四」が入っているから同じ悩みを抱えたはず。みたいなニュアンスだと思うのですがそれを由来と言ってしまっていてシンプルに間違えていてダサい。これはまぁシンプルなミスとしても、そのあとの「本名のまま伝説になるためです。」が鳥肌ものの。今の僕なら分かるのですがこの文章、ボケてないです。こいつは本当に本名のまま伝説になろうとしています。調子に乗ってますね。恥ずかしい。そのあとによろしくお願いされてもって感じです。次のコラムのタイトルにもなった思うじゃんけんの由来。言ってることはなんとなく分かりますがこれには一言。うるさい。誰とじゃんけんしてもあいこはあいこだろ。うるさい。グーとグー。あいこ。それだけ。そんなことの研究とかじゃなく普通に大学行ってこい。

次。お笑い第七世代の事について書いてますね。僕らはお笑い第七世代じゃなくて4億6000万世代。まぁなるほど。なんかお笑い第七世代って言われていることが相当嬉しいんだろうなという感じがします。ここでまっすぐお笑い第七世代について書かないで4億6000万世代と言ってあえて話をそらしている感じ。やめてほしい。なんていうか、こういうことはやめてほしい。普通に君の考えを聞かせてほしい。こいつは第七世代について何も考えてないんだろうなぁという文。嬉しそうで腹が立つ。次の地球が釣りたかったがアイナメが釣れてがっかりした話。めっちゃいいじゃん。これ、コラムじゃん。ただ嘘《うそ》でもサバとかアジとかメジャーな魚が釣れたことにするべきですよね。何を思って本当に釣れたアイナメというマイナーな魚で書い

たのか。素直でかわいい感じがしますね。次のセミとの戦いもいい感じがします。セミとの戦いをラグビー日本代表との戦いにかけて表現している感じ、素晴らしい。と思ったのですがそのラグビーの試合をいま調べたところ2015年。ちょっと前すぎますね。もう少し鮮明な記憶からたとえてもよかったんじゃないの後藤さん。次のルーキーズに憧れて野球を始めた話。これもいいじゃん。最高だよ。ただ一つだけ今の後藤から謝らせてほしい。二度と野球をしませんと宣言させてしまったが今の僕は週1回くらいのペースで野球していいます。嘘にさせちゃって申し訳ない。次のハロウィンにサンマを持って行ってしまった話。これも話としていい感じがしますが、嫌なところが一つ。子供にトリック・オア・トリートと言われた後の、「刹那、」これ嫌ですね。小説家にでもなったつもりかと。その瞬間!! とかで全然いいですし分かりやすい。ただコラムにも慣れてきたのか急な「刹那、」。最近覚えたのかしら。使いたかったんだろうな。「刹那、」この読点も腹立ちますね。センスある感じを出したかったんだと思って目をつむってやってください。次のヤンキーを追い返した話、これあんまり言わないほうがいいのですがちょっと嘘ついてます。このエピソードを僕が覚えてる感じで書き直すと、焼きうどんパンを売っていたら松葉杖をついたヤンキーに「みゆきどこ?」と話しかけられて、顔も分からないみゆきを探して見つからなくて戻って「いませんでした。」と伝えたら松葉杖で肩をどつかれた話だと思います。きっと恥ずかしくてどつかれたって言えなかったんです。おまけに反抗した態度をとってヤンキーを成敗したみたいに書いてます。理解できないくらいダサいことしています。すみませんでした。焼きうどんパンを買ってくれたことは間違えではないです。ただどついた後に僕じゃない人から買っていました。事実と異なり申し訳ありませんでした。お次のサンタさんの話、上から来るはずのサンタさんが下から来るお話。いいな。ただ、スウェットということをちょっとあっさり書きすぎているかなと。走馬灯に出てくるという表現を「走馬灯から出演依頼が来てる」という書き方をするくらいの奴ならばスウェットを伝える表現ももう少しセンスチックに書くはず。例えば、「煙突の下の暖炉に勢いよく落ちて灰色に染まったサンタさんの赤いドレスコード。」とか「サンタさんの赤色のはずの服はこれから降らせる嬉し涙に備えて雨雲の色に変わっていました。」とか。これくらいやってくれないと、気分は小説家なんだから。次の福袋から紙芝居の譜面台みたいなのが1つだけ出てきた話。この後、僕は近くの図書館に行って紙芝居を3つほど借りてきているのです。そして紙芝居セットに入れて紙芝居を妹に披露しようとしたところ紙芝居を入れる枠が小さすぎて紙芝居が入らず、人力で紙芝居を妹に披露したんです。紙芝居職人を使わず紙芝居職人になったんです。ここまで書いて完成なはずなのに途中で書き終わってる。文字数が収まらなかったんだと思います。だったら絶対おせちの話を切って入れるべきだよね。どうしても入れたかったのかな、おせちの所。本当に人によるし謝る必要もなかったのに。反省。さぁ次ですよ、次。問題は。チョコの話。可愛い女の子に好かれていたと

いうただの自慢話。なんだこれ。Nちゃんを
Mちゃんと言い間違えてお笑いにしてる感じを出しているが全くなってないし、そっからどうなったのかとかも書いてない。長々と書いてますがこれは「可愛い子が本命チョコを僕にくれた。」という一文と同じです。もっと素直に喜んだ文にしとけばまだ可愛いのに。おれ、モテてたんすよ。みたいなカッコいいやつが書くみたいな文。いい加減にしてほしい。カッコつけずにそのまま書くと、みんなに義理チョコを配るマドンナが僕に本命を渡した。たまらなく嬉しく僕は全員に自慢した。あいつの本命は俺だからと。自慢していることを知った野口は僕にそんなべらべら喋らないで欲しかった。もう全然好きじゃないです。と言い放った。チョコキャンセルをくらい、女子からも人気な野口を敵に回した僕は全女子を敵に回し、ホワイトデーはその名の通り空白の日になった。これが事実です。それを知ったうえで読んでみてください。ちぇぇぇ。で鳥肌立てると思います。そして最後のコメディスクールの卒業式の話。はい、事実書けてます。綺麗な子いっぱいいました。最後の「みんな頑張ってるかな。」がすごい上からなのでもっと下からお願いします。上から来るはずが、下から来たサンタさんを見習ってください。そんな感じですね。全体的にちょっと調子に乗ってる感じがしました。そんな時期があってこんな時期がある。そう思った刹那、もう遅いと気付く。

2020/4

2021/3

20200422

バレたくない趣味

東京どうも学園。後藤です。間違えました。東京モード学園みたいにいっちゃいました。どうも後藤です。ちなみに東京モード学園には通っていません。紛らわしくてすみません。

みなさん、おうち時間が増えたかと思います。急に増えたおうちで過ごす時間、何しようかなぁと迷う人も多いと思います。新しいことにチャレンジしてみようかなぁと思う人もいるかと思います。すごい数思ってしまってすみません。

参考までに少年後藤のおうち時間の過ごし方を書いてみます。少年後藤は小学生の時ですね。放課後や休みの日は外やお友達の家に遊びに行くことが多かったのですが、もちろんおうちで過ごす時間もけっこうありました。

その時僕がよくやってたのは、お笑い芸人のまちゃまちゃさんの動画を見まくることでした。ものすごいハマっていた記憶があります。

いろんな動画を見るわけじゃなく、まちゃまちゃさんのネタ動画のひとつを永遠に見ていました。内容を惜しくも忘れてしまったのですが、お母さんの携帯に唯一ダウンロードされていた動画が、そのまちやまちゃさんの動画でそれを借りて見ていました。

「後藤、今日の放課後遊ぼうぜ」と誘われても、ごめん今日ちょっと予定があってと嘘をついてまちゃまちゃさんの動画を見たりもしてました。そうです、何故《なぜ》か周りにまちゃまちゃさんにハマっていることを言い出せなかったのです。

みんなスーパー戦隊や仮面ライダーを見てるのに、見てるって言えない感覚です。なんか恥ずかしかったんです。今では失礼な話ですが。でもある日バレそうになってしまったことがありました。

友達と「どうぶつの森」を通信してる時に、キャラクターの髪の毛の色を指摘されたのです。「なんでお前、髪の毛、緑色にしてるの?」と。やばいまちゃまちゃを好きなのがバレる。どうしよう。僕はとっさに「ゾロみてぇじゃん」と、嘘ついてしまいました。ごめんなさい、まちゃまちゃさん。

これが少年後藤のおうち時間。ご参考までに。

20200527

テレビ電話むずぃ

どこに出かけたわけでもないのに風呂入りました。動いてないのに飯を食いました。人間ってツッコミどころが多いですよね。僕もそんな人間の一人です後藤です。そういえば僕が人間って明かすの初めてですね。実は人間でした。

そんな僕ですが最近は本当に家での仕事ばかりで全く家から出なくなりました。家での仕事と言いますのは、テレビ電話の機能を使って打ち合わせしたり、収録したりというものです。

上半身しか映らないのでズボンをはかないで仕事に臨む人も多いらしいですよ。逆に僕は水泳パンツで臨むというボケをかましたこともありますがね。気付かれずに終わりましたよ。

家での仕事のいいところは通勤時間ゼロってことだけですね。本当に。一度リモート漫才という企画でテレビに出させていただきましたが、まぁ難しい。どこ向いていいか分からないんですよ。いつものようにトリオ漫才なので都築くんが喋った時は右、石橋くんが喋った時は左を向くのですがいつも通りその通りやったら他の人から見たら逆になっていたみたいでお互いをフル無視する漫才になっていたそうです。テレビ電話むずい。そんなふうに思いました。

テレビ電話なんて当たり前の時代ですがいちばん最初にテレビ電話をした時はみなさん感動しましたよね。僕も感動しました。初めてテレビ電話をしたのはお母さんの携帯電話でおじいちゃんにかけた時でした。これすごいぞとお母さんに言われておじいちゃんにテレビ電話をかけました。

すると画面に映ったのは洞窟のようなところでした。おじいちゃんなんでこんなところにいるんだ。そう思いながらどこにいるのと聞きました。おじいちゃんは言いました。岩手だよ。そんなことは分かっている。岩手のどこ？　と聞くと、おうちだよと返事が返ってきました。

おうちに洞窟？　そんなふうに思っているとお母さんが横から、「きたにゃ〜」と言いました。お母さんがおじいちゃんおばあちゃんと喋る時だけ出る方言で「汚い」という意味です。

どうやらその洞窟はおじいちゃんの耳の洞窟でした。今となってはあるあるですがその時はおなかを抱えて笑いました。お母さんと僕が笑っていると電話の向こう側から「テレビ電話むずい」。普段方言まみれのおじいちゃんの方言全くなしの言葉が聞こえました。

20200624

じれったい梅雨

「梅雨」

どうも後藤です。自粛期間で6キロ痩せましたが、後藤です。この世から6キロ後藤がいなくなりましたが、残りのキロ数でも後藤は後藤です。よろしくお願いします。

雨が続いてますね最近。梅雨ってやつですよね。僕は昔っから雨が好きでこの梅雨の時期は大好きです。ムシムシしますがシトシトした、このじれったい感じがたまりません。

雨の降ってない日も携帯電話で雨の音を流して寝たりすることがあります。その音を聞いてお父さんが急いで洗濯物を取り込んだことがあります。迷惑をかけています。

梅雨が好きな理由はもう一つあります。小学生の時、雨だとお父さんが学校まで車で送ってくれるんです。普通の白い軽トラです。

お父さんはその軽トラのことをホワイトタイガーと呼んでました。ですので僕もそう呼んでいました。

車内で何を喋っていたかは覚えていませんが、あの梅雨の時期にお父さんとホワイトタイガーに乗ったことはいつまでも忘れないと思います。

僕は梅雨が好きですが父は梅雨が嫌いです。珍しいですよね。梅雨が嫌いな人なんて。そんな人見たことないわ。

なんで嫌いかと聞くと、ムシムシしてシトシトして気持ち悪いんだよって言ってました。それがいいのに、なんで気づかないんだろ。みんな分かってることなのに。

晴れてた方が気持ちいいだろって父はいつもいいます。あれ、もしかしてみなさん、いいお父さんだなぁとか思ってます？　だとしたらまずいので、お父さんのマイナスエピソードも付け足しておきます。

妹が小学6年生の時の運動会を、お母さんとお父さんと見に行きました。お父さんは、多分シラフで組体操見たら泣いてしまうと言ってお酒を持って行きました。飲みすぎて潰《つぶ》れて組体操見逃してました。そんな父です。

あえて梅雨というタイトルで、父へのありがとうです。

20200722

大胆不敵な都築くん

どうもみなさんこんにちは、後藤です。「みな」という女性にさん付けして挨拶したわけではありません。皆さんという意味です。読んでいる全員へ挨拶しました。最初から漢字を使うべきでした。すみません。まぁでも後藤です。今回は四千頭身の相方の一人である都築拓紀について書きたいと思います。

都築の顔の特徴を簡単に書かせていただくと、優しい目をしてて歯が少し人より出てます。髪形は今は坊主です。

彼との出会いはお笑い芸人を目指す人を育む場所、お笑い養成所でした。お笑い養成所の最初の授業に一人でステージに立つという授業がありまして、一人一人みんなの前で自己紹介がてらのピンネタをやるのですが、そこでもう僕は都築くんの虜《とりこ》になりました。

都築くんは何をやったのかというと、ステージに上って一言目。「ドラえもんのジャイアンのマネします」。この一言でこいつはやばいと思い、同時にとんでもないバカなのかもしれないと思いました。一言目が「ドラえもんのジャイアンのマネします」ですよ。いやまずお前誰なんだよ。なんでみんな自分を知らない状態でモノマネができるんだよ。あとドラえもんでしかジャイアンって聞いたことないから「ドラえもんの」ってセリフいらないだろ。などなどツッコミどころ満載の一言だったのです。

そのままの流れで披露された都築くんのジャイアンのモノマネは40点くらいのクオリティーでした。みんなの前でバキバキのダメ出しくらってました。その光景を思い出すたび、なんで俺はこいつと組んでいるんだろうと思います。それをみて僕はよく組もうという言葉に頷《うなず》いたと思います。よくぞ頷いた。その時の自分。

そしてつい最近の話ですが「青くて痛くて脆《もろ》い」という作品が映画化されるということでテレビ局にたくさんポスターが貼ってありました。それを見た都築くん。「あおくていたくてモロヘイヤ」。確かにそう言ったのです。いやいや、5年目の芸人がそんなこと言うはずない。聞き間違いだ。そう信じながら「なんて?」と聞きました。すると自信満々に「あおくていたくてモロヘイヤ」。完全に言いました。そんな堂々と言ってくれたらもはや気持ちいい。あいつの堂々たる姿に僕は助けられています。ドドンっ。

20200826

保冷剤囲まれ作戦

こんにちは！　びっくりマーク使ってみました。使ってみて思ったんですけどびっくりマークってびっくりした時に使いませんよね。ハキハキしてるんだぞ僕はって思われたい時に使いますよね。びっくりした時は「!?」これですよね。ハテナがつきますよね。なんでなんでしょうかね。そこにハテナですわ。

そんなことはよくて最近ものすごく暑いですよね。皆さんは暑さ対策大丈夫でしょうか。僕は一人暮らしを始めて最初の夏なのですがクーラーをつけて眠っているのでなかなか快適でございます。しかしですね、実家にいる時はそんなこともなく部屋にクーラーがなかったんです。その時に僕が行っていた必勝法を皆さんに特別にお教えします。

僕が名付けた必勝法それは、「保冷剤囲まれ作戦」です。皆さんの家の冷凍庫にもおそらく入ってると思います。僕はケーキ屋さんなどで頂いた保冷剤を実家の冷凍庫に大切にとっておくということを小さい頃ずっとしていました。その保冷剤たちが輝くのがそうです夏です。

部屋の布団に向かう前に冷凍庫から保冷剤を5つ取り出します。そしてその保冷剤たちが溶けないようにそれぞれがそれぞれを冷やすような形で密集させ自分の部屋まで運びます。まず一番大きい保冷剤を頭の下にくるように枕の真上に置きます。そして頭の両サイドに2つずつ置きます。これで僕の頭は保冷剤に囲まれました。これで冷えて快適に眠ることができるのです。

ですがこれ気持ちいいのが眠りにつくまでの間だけなんです。いうても保冷剤。夏場にクーラーのない部屋に置いとくと、一瞬で溶けます。そんな溶けた保冷剤が寝返りをうった時ほっぺたにくっつくんです。その瞬間僕は知らなかったのですが寝室で寝ていたお母さんの話によると僕の部屋から聞いたことない悲鳴が聞こえたそうです。

次の日に母親に「あの悲鳴はなんだったの？」ときかれ、ああ多分常温になった保冷剤がほっぺたに当たったから無意識に声がでたんだよ。そう答えました。すると母親はこう言いました。「あんたの叫び声じゃなくて、誰か女の人と電話で話してなかった？　女性っぽい叫び声だったけど」。これが僕のひんやりする「保冷剤囲まれ作戦」です。

20200923

リレー選手選抜

こんにちは。後藤です。僕は今ヒップホップを聴いています。なので首を縦に振りながら書いています。グワングワンです。首を横に振らせないような文章になるように、聴いているヒップホップに引っ張られないように書ききれるように頑張ります。

秋ということでスポーツの思い出を。

僕は小学生から高校生までの学生時代足が本当に遅く、走るのが本当の本当に嫌いでした。

運動会の徒競走ではビリを回避したら家に帰ってパーティーが開かれるほどです。パーティーを開催したのは12年間のうちゼロ回でした。今思い出しても悔しいです。

学生時代の50メートル走自己ベストタイムは8・6秒でした。ちなみに小学5年生の時の記録です。高校3年生の時は8・7秒でした。追い風で8・7秒です。小5がベストは屈辱でした。

足が遅くて一番後悔したのは中学生の時です。足の速い人が一番モテる時期が中学生だからです。中学生になってからは初詣で毎回リレーの選手になれますようにとお願いしていたくらいです。なれることはなく僕の学生ライフは終わりました。

お笑い芸人になってから、この間初めてスポーツテストをするお仕事をいただきました。種目の中に50メートル走もありました。

テレビで足が遅いのがバレる、やだなぁと思いながら走りました。タイムが出ました、7・2秒でした。

え。という声がもれて目を疑いました。7・2秒?? 何回見ても7・2秒でした。大人になってからこんなに足が速くなることあるの?? かるいパニックでした。

50メートルで全体の2位をとりました。そして企画の最後の選抜リレーの種目の選抜の中に選んでいただきました。中学時代のお願い事、いつ叶《かな》ってるんだよ。

20201028

ネタを思いつく場所

おはようございます。時刻は朝の5時半です。寝ても覚めても後藤です。寝る前は後藤だったのに起きたら伊藤になってる。そんな経験は僕にはありません。昨日に引き続き後藤です。

僕は今タクシーに乗っています。タクシーに乗っているとたまに遭遇する、女性の運転手さんです。女性の運転手ということで僕も男としてアピールするためにこのパソコンで文章を打ち始めました。このキーボードを打ち込むカタカタ音が車内に鳴り響いています。振り返れ運転手さん。こんなこと打ってるとは思ってないだろうなぁ。

僕後藤は四千頭身のネタを書いたりもしています。なんならそちらがメインでやらせてもらっています。その息抜きくらいの気持ちでこのようなコラムを書かせていただいています。ありがたい。

ネタを書く時もコラムを書く時もパソコンを使っています。ネタってどんな時に思いつくんですか？　とかネタってどうやって作ってるんですか？　とかよく聞かれますが、僕は毎回違うことを言っています。基本嘘をついています。

自転車に乗っている時に思いつくとかというセカオワのＦｕｋａｓｅ

さんみたいなことを言ったりもしました。しかしもうわりと長くやらせてもらってるコラムなのでここでは本当のことを言わせてください。僕は実はバイト先のシンクで洗い物をしながらネタを考えていました。

初めてテレビで披露した頭取りゲームというネタも、ＳＮＳでバズッたドライブというネタも全部洗い物をしながら考えました。不思議といろんなことを思いつくのです。しかし生活に少しずつ余裕ができ始めバイトをやめました。

そうなんです、ネタを考える場を失ってしまったんです。これはまずいと思い自分の家の洗い物をしながら考えたりもしましたがコップ２つとかじゃネタを思いつく前に終わってしまいます。

今は全集中パソコンのカタカタでにらめっこ書きです。何かいい皿洗いのバイトないですかね……、紹介してほしい。

料金は３０８０円です。という声とともにやっと運転手さんこっち向いてくれました。いまバイト探してる人にそれはないよ。

20201125

芸人になった理由

どうもこんにちは。後藤です。「こんにちは。後藤（さん）」。はい、みなさんのセリフも書いておいたのでぜひ声に出してくださいね。さん付けしたい人はすればいいし、したくない人はしなくていいしそれくらい緩く読んでください。今回は僕の仕事の話をさせていただこうかなぁと思います。聞きたくない人は耳ふさいじゃってください。

僕が芸人になったのは中学校の同級生のけーちゃんという男の子の存在がかなり大きいんです。簡単にいうとけーちゃんが僕の履歴書をワタナベエンターテインメントの養成所に出したんです。あんまり聞かないですよね芸人でこのパターン。そして僕は養成所に1年通い芸人になることができました。

昔から芸人さんが好きだったので養成所のライブのMCにクマムシさんが出てきた時は声をあげて叫び、そうになりました。興奮した時に、そうなる性格ではありません。中学生の時にはパンサーさん、ジャングルポケットさん、チョコレートプラネットさんなどが出ているコント番組の握手会にも行ったことがあったのでその3組に仕事で会った時は声をあげて叫びました。本当の興奮の時は性格なんて関係ありません。

ヌルッと入ったお笑いの世界ですが僕はかなり楽しいんだろうなと思います。楽しくない時もあります。ギャグやってる時とか。辛いもの食べてる時とか。でも女優さんに会えたら嬉しいです。アイドルと共演できたら楽しいです。周りの友達からも羨ましいなぁと言われます。僕もお友達が芸人さんになって女優さんに会ってたら羨ましいなと思います。羨ましがられるのってすごくいいことだと思うのでもっとたくさん女優さんに会えるように頑張ります。

そういえば最近僕の小中学校の同級生がワタナベの養成所に入ってきたと聞きました。後藤で行けたなら自分も行けると思ったみたいです。なめやがってあいつ。これからどう接しよう。同級生が5年後輩になるってなかなかないですよね。ため口なのかな。気になることも多いですが自分をみて芸人になる人がいるってめちゃめちゃ嬉しいことだなと思ったんです。これからも芸人人口を増やせるような芸人でいたい。聞きたくなくて耳をふさいでた方々開けていただいて大丈夫です。読んだから結局全部内容入ってきたでしょ。

これが文字の力ですね。

2020I223

香水のせいだよ

どうも後藤です。今僕はBTSという韓国のアーティストの音楽を聴きながらこのコラムを書いています。韓国語を聴きながら日本語の文を書いています。日本語を聴きながら韓国語を書くよりは簡単かと思います。韓国語はサランヘヨしか知らないので。本題に入ります。

このあいだ中学時代のお友達と遊んでいた時にいい匂いがしたので、「なんかいい匂いするな、何かつけてるの？」と聞くと「香水つけてるよ、お前香水とか持ってないっしょ」と唐突な見下しを食らいました。しかし僕は1つだけ香水を持っていたのです。昔コンビニで買ったやつをカバンから取り出し、「バカか、持ってるわ」という声とともにその香水を見せつけると友達は鼻で笑いました。

それが悔しくて悔しくて次の日に家の近くにあった香水のブランドの店に行きました。行ってみたはいいものの入り口の外から見えるヒゲパーマ高身長ニット帽くんと金髪ロング巻き巻きタイトセーターちゃんの店員さんにビビッて全然中に入ることができませんでした。でもビビッていても仕方ない。慣れていない感じでおどおどして入ったらきっと初めて来たと思われてなめられるのでまるで常連かのように胸を張って少しあくびをしながら入りました。

するとと金髪ロング巻き巻きタイトセーターちゃんがこっちによってきて一言。「この店初めてですよね」。出鼻くじかれました。仕方なく、はいそうなんですと答えました。その女の子にすべて事情を話しました。鼻で笑った友達がいたんですか、ひどいですね、見返してやりましょう。そう言ってくれました。今の僕の好きなタイプは金髪ロング巻き巻きタイトセーターです。親身になって色んな匂いを教えてくれました。

その子の協力もあり、買う香水が決まりました。最後にキャンドルも薦めてきました。それは小さいコップのようなものに入ったキャンドルでした。その子のおススメということもあり、僕はそれも買うことにしました。そしてその子がそのキャンドルを袋に入れている時に僕は芸人だということを思い出し最後に一発笑かしてやろうと一言、「このキャンドル使い切ったらこれで日本酒とか飲めそうですね」。そう言いました。

鼻で笑われました。ぜんぶ香水のせいにしたいけど最後は自分のせい。

20210127

安心できる男《ひと》

どうも後藤です。このコラムを書いている日、雨が降っています。そこで気づいたんですけど雨でも僕って後藤みたいです。通常とあんまり変わりません。雨だなって思うだけです。よろしくお願いします。

そんな僕後藤なのですが先日、令和女子が選ぶお嫁さんになりたい芸人ランキングで4位に選んでいただきました。こんなに光栄なことはありません。

その令和女子が僕を選んでくれた理由の中に「安心できるから」というものがありました。そこで気づいたんですけど令和女子は面白いとかより安心できる方が好みなんです。令和女子の好感度をさらに得るにはどんどん安心させることが大事なんだと思いました。

ここの読者の方の好感度もぜひ狙っていきたいのでここでも令和女子と同様読んでて安心するコラムを書かせていただきます。

先日実家に帰ったんですけども、まず実家という時点で安心しますよね。

埼玉県の実家にタクシーで帰ったんですけど手持ちのお金が1万5000円しかなかったんですよ。東京から埼玉の実家なので大体そのくらいなのですがメーターがあがるたびにドキドキしていました。少しでも超してしまうと払えないので。着いた時に恐る恐るメーターを覗くと1万4800円でした。安心しましたね。

で、実家に着いたんですけど鍵を持っていなくて家族が買い物に出かけていてまだ帰っていないかもという感じだったのでドキドキしながらインターホンを押しました。妹が出てくれました。安心しました。

で、実家に着いてカバンの中を見ると携帯電話の充電器が入っていませんでした。家に同じスマホを持ってる人がいないのでないと買わなきゃいけないので焦りました。ポケットに入っていました。安心しました。

これ、今気づいたんですけど僕が安心しているだけで読んでる皆様は安心できていませんよね。安心させるためには健康でい続けることですよね。大変失礼しました。

あれ、なんだか頭がクラクラしてきました。暖房消してみます。治りました。安心しました??

20210224

誕生日なのに

どうも後藤です。いま飛行機に乗っています。雲の上で文字を書いています。空でできたコラムを篤《とく》とご覧あれ。篤とご覧あれの篤ってよく聞くけど全然意味分かってないです。調べてみたところ手厚いってことらしいです。僕はいま手厚いコラムをご覧あれって言ったのか。赤面ですわ。

2月ですね。今年は節分が2月2日でしたね。まぁだからと言って何か違ったかと言われると何も違わなかったですね。しいていうなら2月3日が誕生日の人が今まで一軍トークとして使っていた俺、もしくは私の誕生日節分なんだよね、が使えなかったくらいでしょうか。

僕の誕生日は今年の節分からいうと4日後の2月6日なんです。デヴィ夫人と一緒です。今年の誕生日にあった出来事を話させてください。今年の誕生日は同居人であるリンダカラーというコンビのデンくんと、こゝろというコンビの山出谷《やまでや》さん、ドリルフィンフィンズの髙橋くんの3人が祝ってくれました。

全員想像できない方がほとんどだと思います。芸人さんがお祝いしてくれたんだろうな〜、くらいの気持ちで大丈夫です。僕が家に帰ると3人がいるわけです。僕は帰ってくるまで髙橋くんと山出谷さんがいることは知らなかったので少し驚き、なんでいるのと聞いてしまいました。絶対に誕生日だから来てくれたと分かっているのにです。

すると2人は目を合わせて、いや、飯食いに来ただけ、と言いました。誕生日だから来てることは隠しているんです。僕はなんとなく分かりました。最初は何食わぬ顔していつも通りご飯食べて、お酒が少し入ったところでケーキが出てきてプレゼントだろうなと。泳がせてみることにしました。絶対に自分から誕生日とは言わずに。

ご飯を食べ終わってしばらくみんなでテレビを見ているとデンくんが、なんか甘いもの食べたくないですか？　そう言いました。来たと思いました。自分の中でハッピバースデートゥーユーを聞くモード、ろうそくを吹き消すモードに入りました。甘いもの食べたくないですかに対する山出谷さん。せやなぁ。続いて髙橋。ですね。僕も続きました。食べたい！　と。すると山出谷さん。じゃ、アイスでも買いに行きますか。コンビニにみんなで買いに行きました。アイスを食べました。食べ終わってまもなくみんな帰りました。いや飯食いに来ただけじゃん。

空でこんなコラム書いてたら雲の下は雨ですかね。

20210324

やらかしてしまった

どうもこんばんは。後藤です。最近また坊主にしました。いやそもそも坊主じゃなかったのかよって思いますよね。安心してください。坊主になっても後藤ですよ。

坊主にする際にゴミ箱に消えていった髪の毛たちも後藤です。あいつら元気かな。今日コラムを書いているのはそのゴミ箱に消えていったほうの後藤です。嘘です。最速のネタバラシです。

さて今月は3月ということで散髪の話をしたいと思います。ダジャレです。

僕はやらかしてしまったことがあります。それは先月のこと。あるネタ番組で漫才中に髪を切って坊主にしたんです。それになかなかの反響をいただきまして、お笑いスイッチが入った僕はTwitterでこう呟《つぶや》いたのです。「もう一生坊主です。スクショしてください。さっぱりしました。」と。

これがやらかしたことです。なぜかというと次の日には坊主が嫌になってしまったのです。周りの芸人さんたちも後藤髪あった方がよかったな〜とか言ってくるんです。じゃあ伸ばせばいいじゃんって思いますよね。

でもスクショしてくださいって書いちゃってるんです。スクショしてくださいというのはその画面を写真に撮っておいてくださいと言ってるということなのです。自分から証拠を残しとけって言ってるようなもんです。

そんな奴が何か月後かに坊主じゃなくなってたら「なにこいつ」ってなってしまうと思うんです。じゃあ坊主にしとけよって思いますよね。ごめんなさいそれは嫌なんです。

なので僕は考えました。僕はどれだけ伸ばしても坊主だと言い張ればいいんです。例えば闘莉王《トゥーリオ》くらい髪があったとしても坊主だと。俺が伸ばしてるのは髪じゃない神だ。とか面白くない返しまでして言い張れば大丈夫かなぁと思うんです。

で、いつかまた坊主にした時にほらねって言ってやったらいいんです。よし解決した。

皆さんその時の感情で行動するのも大事かもしれませんが後のことを考えて行動するべきだと僕は思います。

身をもって証明しました。これを証明するためにあのツイートをしたといっても過言ではありません。あの話はフィクションです。

2020/4 | 2021/3 解説

外車に乗り、タワマンに住んでいた時期があるのですが、それを始めたのがこの年です。タワマンライフを楽しんでいそうなコラムが並んでいますね。後にその車の駐車場代に困り都心から外れたところに引っ越して「四千頭身後藤タワマンから転落」とかいうフェイクニュースが出されることも知らずに。この時期には有名な方々とCMに出させてもらったりもしました。長丁場の撮影だったので奇跡的に仲良くなりましてグループLINEを作るところまで行きました。さっき見てみたら僕1人のグループになっていましたよ。このグループは僕が守り続けるのでいつでも帰ってきてくださいね。それではコラムを一緒に振り返ってみましょう!! 最初は自分のおうち時間の過ごし方ですね。はい、まちゃまちゃさん見てました。懐かしい。お父さんがお母さんにリモコンと新聞を求めるなか僕はまちゃまちゃを求めていましたね。これは事実なのでいいのですがちょっとまた見栄を張ってしまってるなという部分がありました。まぁタワマンだから気持ちが大きくなってしまうのは分かるのですが、最初の方の「放課後や休みの日は外やお友達の家に遊びに行くことが多かったのですが、」の部分。多くなかったです!! 多くないからこそ僕の放課後はまちゃまちゃさんに救われていたのです。中盤にも「「後藤、今日の放課後遊ぼうぜ」と誘われても」とまるで自分が人気者みたいに書いてますがこんな誘いがあれば必ず行ってました。見栄を張ってますねぇ。さぁ続いてテレビ電話が難しいやつ。たしかにこの時期はリモートの収録が多くて大変だった記憶があります。漫才でどちらを向いていいか分からないとかそういうのもそうですが一番難しかったのは大食いですね。大食い番組をリモートでやったんですよ。届けてもらうとかって思うでしょ? 違うんですよ、自分で作るんですよ。自分で大食いメニュー作ってそれをカメラを自分で回しながら自分でヒーヒーいいながら食べました。意味分かんなかったな。少しテレビ電話から脱線してしまいましたが、次の梅雨の話に行きます。まず最初の挨拶で6キロ痩せたと言っていますが、申し訳ない。その6キロ、戻ってきます。雨に関してはたしかに嫌いではないのですがわざわざ「雨は昔から好きです。」みたいな風にいうのはちょっとカッコ悪いな。

その後に父への感謝か。雨が好きといった後に父への感謝か。まるで自分がイケメンみたいですね。はい恥ずかしいので次行きましょう。都築の話ですね。都築のピンのステージいまでも忘れません。いまでも定期的にジャイアンやってもらいます。そこはいいとしてみんなで考えたいのが最後の4文字。みなさんも気になりましたよね。「ドドンっ。」これなに？　なんの前ふりもなくドドンっ。文字数足りなかったのかな？　いや4文字くらいでそんなことしないですよね。太鼓の達人してたのかな。ちょっと本人であるはずの僕も全く覚えがないので、適当に言い訳しておくと多分ワンピースです。漫画のワンピースで結構出てくる音なんですよ。名言の後とかにドドンって。だから「あいつの堂々たる姿に僕は助けられています。」が自分なりの名言だったんでしょうね。少し焦りましたが次に行きましょう。次のは保冷剤で体をひんやりからのホラー終わりですね。これはですね、ホラーにするために内緒にしていたことがありまして実は全然ホラーじゃないんです。実は僕には2つ年上の姉がおりまして。はい、そういう事です。姉弟ですから、保冷剤囲まれ作戦の生みの親は姉です。僕も姉も保冷剤

を持って眠っていたのです。そして姉も同じようにぬるくなった保冷剤の感触に驚いて叫んでいた。こういうことですよね。だから僕はお母さんから女性っぽい叫び声だったと言われた後にじゃあ姉ちゃんじゃない？　って返してます。それに対してお母さんは「お姉ちゃんじゃない声だった。」そう言っていたような気がして、今になって震えてきました。ホラーにしたがる癖は変わってないみたい。次に行きます。足が速くなっていた話ですね、あの時のタイムを見てびっくりしたのは今でも覚えています。ただ、この時の僕なら、1位を取りましたと嘘をつきそうなところをちゃんと事実である2位という順位をしっかりと伝えています。おそらく番組で流れるので1位という嘘をついてもすぐバレると思ったのでしょうね。だから2位という順位を嘘無

く伝えた。でも2位なら書かなくてもよかったですよね。きっと今までビリしか取ったことの無い僕からしたら2位という順位でも1位くらい嬉しかったんでしょう。これはNEW可愛いポイントくらいで見逃してあげましょう。お次のやつは5時半にタクシーの中で書いていますね。本当かなこれ。なんかそれをわざわざ伝えてくることに腹が立ちますね。今の僕は夕方の家の中。あとは風呂に入ってご飯食べて寝るだけ。あの頃は早朝に仕事に向かいながらタクシーの中で。あれ？　負けてる⁇　悔しいので次に行きます。自分が芸人になるきっかけの話ですね。基本お笑いは楽しいと書いてありますね。マジかこいつ。まぁこの時は楽しかったのかもしれません。そのあとに自分らを見てお笑い始める人が増えてほしいみたいなことも書いてありますね。

うん。増えないでほしいですね。もう芸人自体。面白い人多すぎです。もう増えないでください。芸人楽しくないですよ。学園祭行ったり、ロケで泊まりで地方に行ったり、たまに海外に行けたりするだけですよ。全然。全然楽しくないんだから。芸人やってなかったら行けてないんだろうなぁっていう場所とかいっぱいあるし、周りに面白い人しかいないし。そう。楽しくないからやんないほうがいいよ。来世何がしたいか聞かれたらなんて答えるか。仕方ないからお笑い芸人ですかね。はい次次。香水買ったやつですね。使うことなく無くしましたね。一回も使わなかったです。いい匂いしたと思ったら僕の香水落ちてるかもしれないので拾っておいてください。最後の「このキャンドル使い切ったらこれで日本酒とか飲めそうですね。」という確実にすべったボケですが、これをすべったボケにしないために本当に使い切ってコップとして使っています。これですべってないですね。金髪ロング巻き巻きタイトセーターちゃん元気かな。あと瑛人も元気かな。次は安心するやつですね。いやぁ安心しますね。令和女子も安心してそうなコラムです。最近の僕からも安心させておきます。平均9時間くらい寝れています。都心から外れた生活のおかげで誰からも誘われることなく仕事以外で家から出ることはほぼありません。たまに納豆ご飯に卵を載せるくらいの贅沢もできてます。だいぶ安心でしょ。次行きましょう。誕生日会かと思いきや違った話。これは寂しいですよね。これは読んでる途中で誕生日会じゃないんだろうなぁって思うて！　気づかれるて！オチを予測できた人は正直に僕にファンレターをお願いします。仲間です。オチに気づかれてることも知らずに最後の「空でこんなコラム書いてたら雲の下は雨ですかね。」これどんな顔で書いたのか想像してみてください。ちょっと笑ってましたよね。ね。最後がもう坊主以外の髪形にできない話ですね。心配すんな、いま一番変な髪形になってるんだ。髪形のせいでフォロワー2000人減ったりしてる。こんなに真剣に考えてくれてたのに申し訳ないよ。こんなところですね。イケイケの後藤が書いたコラムへのアンサーでした。雨のこと書いてるコラムが何個かありましたが、雨も愛してあげたらいいと思います。雨がいてくれるから晴れが気持ちいいんじゃん。ドドンっ。

2021/4

2022/3

20210428

無計画大型連休

こんばんは。今日も夕刊のお時間がやってきました。皆さんが勇敢だから夕刊の時間がやってくるのです。そんな勇敢な皆さん、もうすぐゴールデンウィークですよ。大型連休ですね。僕の昔のゴールデンウィークの話をきいてください。

小学3年生の時の話です。5連休くらいあったと思うのですが何の予定もなかったのです。まず初日、いつも学校に行く時間に起きてゴロゴロ漫画を読んでいました。お腹《なか》が空《す》いたので何かないかとお母さんに聞いたらあるものをお勧めしてくれたんです。チーズです。もともと好きだったのですがその日でチーズにどハマりしたんです。朝起きてチーズ、昼お腹空いてチーズ、夜寝る前にチーズ。いろんなチーズを食べました。僕の初日はゴールデンウィークを過ごしたつもりが、ゴールデンチーズを過ごしていました。

2日目、何の予定もなかったのでお母さんとスーパーに行き、おまけ付きのチョコを買ってもらいました。家に帰って開けたらレアな金色に光るシールを手に入れました。僕の2日目はゴールデンウィークを過ごしたつもりが、ゴールデンシールを過ごしていました。

3日目も予定がなかったので一日寝てようと決意しました。そしたらお母さんからゴロゴロしてるなら布団でも干しなさいと言われ、天気も良かったので鯉《こい》のぼりの横にお布団を干しました。そしてその日は太陽にピカピカに干されたあったかいお布団で眠りについたんです。僕の3日目はゴールデンウィークを過ごしたつもりがゴールデンシーツを過ごしていました。

4日目はお父さんの実家に行きました。実家は居酒屋さんをやっていて、おばあちゃんがこれ飲む？ と飲み物を差し出してくれました。お酒みたいに泡が立つリンゴジュースでした。見た目はほぼお酒で、それを飲んでプハーっと言いました。僕の4日目はゴールデンウィークを過ごしたつもりがゴールデンビールを過ごしていました。

5日目。ついにお友達と駄菓子屋さんに行き、めちゃめちゃ楽しかったです。今日こそゴールデンウィークになった。そう思いました。お母さんからもらった100円を手にして駄菓子を5つ手に入れたのです。10円の品4点、20円の品1点。合計60円で40円余りました。安くまとまりました。あ、僕の5日目はゴールデンウィークを過ごしたと思ったらゴールデンチープを過ごしていました。皆さんよいゴールデンウィークを。

20210623

閉じるか閉じないか問題

どうもこんにちは、後藤です。雨が降って水溜《た》まりができてそれを覗いたら反射して後藤がいました。てことは僕が後藤です。

梅雨ですね雨ですね。傘をさす日が続きますがどうして傘をさすって言うんですかね。さすってあってるのですかね。傘を閉じて天に向けた方が刺さってる感じありますよね。まぁいいかこんなこと。

ちょっと皆さんにそんな傘に関することで聞きたいことがありまして。雨が降っていて傘をさして歩いている状況で橋の下とか高速道路の下とかを通る、その少しの雨を凌《しの》げる時間に傘を閉じるか閉じないか。

これいろんな人がいると思うんです。僕はまだ正解が出せていません。雨が当たらない場所なのに傘をさしているのは恥ずかしいし、どうせまたさすのにわざわざ閉じるのもなんだかめんどくさいし、もっといい方法がないのですかね。

他の人の行動を見ていてもみんな違うんですよ、やっていることが。右を見れば普通にさしている人、左を見れば普通に閉じている人。後ろを見ればビショビショの人、これは無しだなって思いました。

きっと僕と同じこの悩みをかかえていて、だったらいっそのこと傘なんてささなければいいんだ、という決断をしてそうなったんだろうなと思います。しかし風邪をひいてしまっては元も子もありません。

やはりこれは深刻な問題だ。僕がこの場で正解を出さなければいけません。あの短い雨を凌げる時間、傘を閉じないべきか閉じるべきか問題。

いいことを思いつきました。全員ゴルフのキャディさんみたいな人をつけるというのはどうでしょうか。

キャディさんのようにその橋の下などに入ったら傘を持っててくれる人と、雨が降っていたら一緒に家を出るんです。そうして一瞬雨を凌げる時間が来た時にそのキャディさんに渡す。そしてまた空とご対面する時にキャディさんから傘を受け取る。これいいじゃないですか。ゴルフにヒントがあったとは。

あ、気になることがまたできてしまいました。キャディさんはその時間、傘を閉じるのかな。

20210728

スケートボードを持っている

LINEの背景、緑にすると文字めっちゃ見にくい。どうも後藤です。しょうもないあるあるをいって挨拶するというYouTuberみたいなツカミをしてみました。すみません。つかめてるのかなあれって。

世間はオリンピック・パラリンピックでございますわね。今年は日本で開催するということで朝から夜までみっちりやってますよね。オリンピック・パラリンピックって夜中にやっているイメージなのでなんだか新鮮でございますが、すごいですねやはりアスリートは。

なかでも新競技のスケートボードの男女が金メダルというのは興奮しましたね。僕、実はスケートボードを持っているのです。1年ちょっと前くらいに手に入れまして外で乗り回そうと思っていたのですが、その直後に緊急事態宣言になりステイホーム期間に突入したのです。まぁ仕方ない、宣言があけたら外でスケートボードライフを送ろうと思っていました。

一回宣言があけた時にスケートボードを持って外に出て近くのパークまで足を運んだら、多くのスケーターがボードを走らせていてビビッて何もせず帰ってきてしまいました。地道にストリートで練習するしかないとそう思っていました。

するとまた緊急事態宣言が出ましてまたスケートボードを見送る決断をしました。すごい技の動画をたくさんみて過ごしました。

おニューのスケートボードを倉庫にしまっているままオリンピックを迎えました。そして日本人の金メダル獲得。僕の倉庫にはおニューのスケートボード。完全に影響を受けたと思われてしまう状況におちいってます。

スケートボード始める人たくさんいると思います。しかし僕は1年以上前からやろうと思ってたんです。でもそんなこと絶対誰も信じてくれない。

なので僕がこのオリンピック・パラリンピック期間に始めたことはスケートボードに自然な傷を作ることです。夜寝る前に家の中でベッドの角に叩《たた》きつけたり、プラスドライバーでなぞったりしています。

職人としてスケートボードライフが走り出しました。

20210825

好物の矛盾

どうも～。左から山田、源田、一つ飛ばして菊池涼介。すみませんオリンピックの侍ジャパンの表彰台の前でネタをやる場合のツカミを披露しただけです。そんな場面ありませんとツッコミいただければと思います。後藤です。

8月も終わりに近づいてきましたが皆様は夏休みの宿題どうされていましたか。

中には夏休みの宿題に没頭中の学生の方もいるかもしれません。僕は最後まで残しておいて29、30、31日あたりにアタフタしてしまうタイプでした。これを宿題の大掃除と呼んでいました。まさに上半期の大晦日《おおみそか》です。

それと僕は後に残してしまうものがもう一つあります。それは好きな食べ物です。

好きな食べ物も夏休みの宿題と同じで先に食べる人もいれば後に食べる人もいますよね。好きな食べ物を最後に食べる理由は楽しみを最後に取っておきたいからです。

これを考えた時矛盾が生じたのです。

そしたらなぜ僕は好きでもない宿題を最後まで取っておいているのかです。もしかしたら宿題のことが好きなのかもしれないと思いましたがそれは絶対にありません。

僕は自分から矛盾が生じているのが許せないので宿題を先にやってみようとしたことがあります。ドリル1ページで挫《くじ》けてしまいました。

なのでその逆で好きな食べ物を先に食べてみました。すると、最後にお弁当の宿題のポジションであるトマトが残りました。挫けてしまいました。

一体どうしたらご飯と夏休みの宿題を矛盾なしで進めることができるのか考えました。

その結果一つの答えが出ました。

嫌いな食べ物は最初にも最後にも食べない。こうすることで宿題もやらずにすむ。好きな食べ物を最初に食べたとしてこの理論でいくと宿題を嫌いだから残してしまったと言えば許される。

白紙の宿題と宿題をしなかった理由をもって臨んだ小学4年生の2学期。ハテナのマークを頭の上に乗せた先生に言われました。

それがあなたの自由研究ね。

僕も一言。はいそうです。

20211022

スカイツリー大喜利

どうもこんにちはこの時間は後藤がお送りします。やあ最近晴れたり雨降ったりで大変ですよね。服も天ぷらも衣替えの季節でしょうか。いうてる場合かと。すみません文面で音声みたいな入り方してしまいました。今日もみなさん安心安全でいきましょう後藤です。僕の祖父母の話を書かせていただきます。

僕の祖父母は岩手に住んでいるのですが、たま〜に東京に遊びに来てくれます。自動販売機のあったか〜いみたいな伸ばし方してしまいすみません。

祖父と祖母がスカイツリーに上ってみたいということで、何年か前に埼玉の実家に遊びに来た時があったのですが、僕はその日部活があって一緒にスカイツリーに行くことができませんでした。部活に行く前に祖母が、「拓実の背中を見ながら高いところから応援するぞ」と言ってくれました。相当楽しみにしている様子でした。僕も当時上ったことがなかったので羨ましかったです。

高いところから応援されている僕はベンチからレギュラー陣の野球を応援しました。絶対に祖母は僕のことなんて忘れて景色を楽しんでいるんだろう。そう思っていました。部活から帰るとみんなもスカイツリーから帰ってきていて感想を聞きました。「どうだったスカイツリー？」。すると祖母はこう答えました。「高くって足が震えたよ」と。

足が震えるほどの高さに当時の僕は興味津々でした。「おじいちゃんもスカイツリーすごかった？」と聞くと、おじいちゃんも「もう行けないな。高すぎて」と答えました。羨ましさと行けなかった悔しさで頭がごちゃごちゃになりました。

すると祖母は、拓実のヒットも見てたぞと大胆な嘘をついてきました。いやいやそもそも試合に出てないです。とは言えずにありがとうと返しました。どのぐらい高かったのかを祖父母の情報でしか得られない僕は、最後に聞いてみました。すると祖父母は顔を合わせてどれぐらいだったか相談を始めました。そんなに明確な数字を出してくれるのかワクワク答えを待っていました。

すると、相談を終えた祖父母は僕の顔を見て「2人で4000円ぐらい」と答えました。

20211027

8階建てなのに

こんにちは後藤です。ヘリウムガスを吸って声を出すと変な声になりますが、ヘリウムガスを吸って字を書いても変な字にはなりませんね。ま、吸ってもないですが。

10月ですね皆さん。10にまつわる話でもしていこうかと思います。僕は一度、エレベーターで忘れられない経験をしたことがあります。小学生の頃、友達のマンションのエレベーターに乗ったところにおじさんが走り込んできたのです。

僕は丁寧に「何階ですか？」とエレベーターガールならぬ、エレベーターボーイをしてあげました。すると、おじさんは「10階までお願いします」と言いました。僕は驚き、転げ回りそうになりました。というのもですね、そこの建物は8階までしかないのです。「何階ですか？」という質問に難解な答えが返ってきたことに、僕は驚き転げ回りそうになったのです。

その頃まだ小学生の僕は、おじさんがボケたと思いました。なんとかこのおじさんの期待に応えてあげたいと思い、知恵を振り絞った僕は、4階と6階を押しました。足したら10階だよ的な返しです。

するとおじさんは僕に謝ってきました。「ごめんごめん本当は8階だよ」と。8階を押しました。そして、僕が向かうはずの2階を押そうとした時にふと思いました。これも足し算だと思われたらどうしようと。あわてて僕は足して10にならないように3階を押しました。

そして、3階で降りて階段で2階に下りて、友達の家に入った時に気付きました。あのおじさん、エレベーターに走り込んできてたよな。結構急いでたよな、そんなおじさんに4階と6階で止まるエレベーターを用意してしまったのです。おじさんが遅刻していたらどうしようと汗が出てきたのです。すると、友達が動揺している僕に対して「どうしたの」と聞いてくれました。僕はおじさんの話をしました。すると友達は、「あ～10階おじさんね」と言いました。「10階おじさん⁇」と聞き返すと、毎回そういうボケをするおじさんがいるとのことでした。

その頃から僕は、いいボケだなと思っていました。お笑い芸人になって1年目、なんかコントを作ろうと思い、その時のことをコントにしました。8階までしかないエレベーターで10階までというおじさんに4階と6階を押してあげるコント。「キングオブコント」の1回戦にそのネタをかけました。ごめんねおじさん。敗退したよ。

20211124

僕が11だとしたら

こんにちは後藤です。なんといま広島で書いています。なので言い直します。こんにちは後藤じゃけぇん。よろしくじゃけん。広島の読者様すみません。意味は分かっていませんが、広島出身の知り合いがよく言う方言使わせていただきました。

11月ということで、11にまつわることを書いていこうと思います。11といえばあれですよね、ランク外感がすごいですよね。なんていうかベスト10って聞いた時に、なんだか虚《むな》しさが残る数字というか。

僕が11だとしたら、ベスト10って言葉は嫌いだと思います。行列のできるラーメン屋さんに並んでいて「今日はここまでです」って目の前で言われる感覚です。

僕が11だったとして、好きなスポーツはもちろんサッカーですね。11人でやるスポーツなので、「僕も含まれてる」ってなります。野球も好きです。9人でやるスポーツなので「10の野郎、省かれてやがる」と思うので好きです。

僕が11だとしたら、トランプは嫌いです。自分を入れてくれて嬉しいですけども12がクイーンで13がキングと呼ばれているからです。

「いやジャックって！」ってなると思います。

僕が11だとしたら、1年のことは大好きです。「(11月は) 30日間も毎日僕の名前が聞けるなんて！」ってなると思うからです。

僕が11だとしたら、九九は嫌いです。出てこないからです。長いこと、自分が11だとしたらこう思うということを並べてみましたが、数字にも感情があるんだなということをわかることができました。これからは敬意を持って、数字と触れ合っていきたいと思います。

最後に、自分が11だとしたら、自分が数字だとしたら、なんてこと考える必要はありません。なぜなら僕は11じゃないから。広島にいるのに自分の時間よりまだ11でいた時間の方が長いです。このままでは広島に来てるのは僕じゃなくて11だということになってしまいます。

もう二度と、自分が11だとしたらなんて考えることはないと思うので、今回だけは自分が11のままで終わりたいと思います。

僕が11だったら、このコラム好きです。

20211222

M－1敗退の理由

12月になりますたね。12月の後藤は半袖のTシャシを着てこのコルムを書かせていただいております。寒さで手が震えておりめす。なので打ち間違いをしてしまってる箇所があるかとおもいまつ。暖かいのを着まっつ。着ました。もう打ち間違いはないと思います。冒頭の打ち間違えしているところはあえて訂正しないでおきます。間違いの数は7つです。見つけてみてくださいね。

先日、M－1グランプリという漫才の大会があったのをご存じでしょうか。錦鯉《にしきごい》さんが優勝した大会です。実は僕の所属する四千頭身というトリオも予選に参加していました。完膚《かんぷ》なきまで敗退してしまいました。

敗退した理由を考えてみたので書いていきます。まず、都築が胸を5回叩かなかったことです。僕らの漫才の最初に都築が胸を高速で5回叩くのです。普通に見たら2回しか叩いてないのですがよく見たら5回です。もしよかったら見てみてください。僕は横でそれを見ていて、今日は4回だなと思いました。それが一点。

続いては石橋が分け目を変えたことです。今年から石橋は分け目を変えてます。それがきっとよくなかったんだと思います。まだあります。都築の服が赤と白のボーダーだったところです。目に悪かったなと。それと僕の服がピンクすぎたところです。目に悪かったなと。それと石橋のネクタイがピンクすぎたところです。目に悪かったなと。

それと僕のズボンの丈が中途半端だったところです。どっちかにしろよと誰もが思ったに違いありません。それと最後のもう一つは都築のベルトが垂れていたところです。だらーんと垂れていてお客さんはそれが目に入って漫才どころではなくなったんだと思います。

ぜひこれを読んでくれた方は僕らのM－1の予選を見てみてください。僕らの敗退の理由がわかると思います。僕の書いた敗退の理由とあわせて考えてみてください。間違いは7つあると思います。今年もありがとうございました。来年も続けさせていただければなと思います。よいお年を！

20220126

ブルブルマシーンに乗って

あけましておめでとうございます。僕が連載させていただいている枠が毎月第4水曜日夕刊ということで、絶対に新年の挨拶が遅れてしまうのが悔しいです。しかし、読者の皆様には必ず挨拶させていただきたいので、僕のあけましておめでとうございますという挨拶だけは、1月の第4水曜日ということだけでも覚えて、いい1年にしていただければなと思います。今年もよろしくお願い致します。

私、後藤はですね、2021年ちょっと運動不足だったなと思いまして、2022年はダイエットも兼ねて体を動かそうと意気込んでおりまして、早速購入したものがございます。それは乗っているだけで痩せるブルブルマシーンです。

そうです。自ら動かす気はございません。動くのがあまり好きじゃないんです。体を動かすのがあまり好きじゃないんだけれども体を動かさなくてはいけない。そこで発見したんです。動かして貰えばいいんだ。

というわけで、今このコラムをメモに打ち込みながらブルブル震えております。なんて効率がいいんでしょうか。この静寂のコラムを読んでいたら気付きませんよね。僕、今とんでもないくらい体が動いています。レベルマックスで動いております。僕の声にはいまビブラートがかかっております。ＭＩＳＩＡくらいの。

　このマシーンを買ったのが1月の序盤の方なのでもうすぐ1か月経《た》つのですが、効果はまだみられません。それはそうです乗ってるだけなのだから。痩せないなあと思いつつ過ごしていて、先日学生時代の友達と久しぶりに顔を合わせると、その友達は激痩せしていました。

　どうやって痩せたのかと聞くと、ファスティングダイエットをしたとのことでした。ファスティングダイエットというのは、言ったら腸内環境を整えるみたいな今流行《はや》りのものらしいです。なんか調子に乗ったことしてるなと思いました。そんなことを思い出しながら、今もブルブルマシーンに乗っています。

　流行りに乗って激痩せした友達。ブルブルマシーンに乗ってコラムを書いてる後藤。調子に乗ってるのはどっちでしょうかね。

20220323

卒業式の歓声

どうも皆さん、先月は祝日で休刊ということで2か月ぶりになりますね。寂しかったですか？　僕は寂しかったです。いつも1か月に1度は皆さんに会えていたので、僕が読者の皆様の顔を忘れてしまうんじゃないかと不安になりましたが、大丈夫です。皆さん覚えてますよ。

さて3月は卒業シーズンということで、僕の懐かしき小学生時代の卒業式の話を書いていきたいと思います。僕の小学生の時の卒業式は、正直かなり変わっていました。何が変わっていたのかというと、保護者席に座っているみんなのお父様方が、ずっとケータイ電話でムービーを回しているのです。

自分の子供が卒業証書を受け取る瞬間や名前を呼ばれる時など、メインの時だけならまだ分かるのですが、校長先生の言葉、来賓の言葉などの時もずっとケータイで撮影してるのです。記憶に残す必要はあっても記録には残す必要がない筈《はず》の、あのありがたいお言葉達をずっと撮影してるのです。

お母様方は、自分のお子様の時だけデジカメなどで撮影してる感じでした。変だなとは思いつつスルーしていたのですが、明らかにおかしいことが起こったのです。司会の先生の「続きまして教育委員会の伊藤さんのお言葉です」という誰も知らない人間の紹介があった瞬間に、ずっとカメラを回していたお父様方から一斉に、うおおおお！　という歓声があがったのです。

正直びっくりしました。そんなに人気の人なのか！　伊藤さんは人気のある方で、この人の言葉を楽しみにしていたのかと理解しました。僕も、その人の話だけ集中して聞くことにしました。長くてつまらない話でした。がっかりしました。

卒業式が終わって家に帰ると、テレビでスポーツニュースをやっていました。そこで知ったのですが、卒業式の時間帯には「第2回ワールド・ベースボール・クラシック」という野球の世界大会の決勝が行われていたのです。

そうです。お父様方は、子供の卒業式を撮影するふりをして、ケータイ電話のワンセグ機能で野球を見ていたのです。そして「教育委員会の伊藤さんの話」の瞬間にイチローが決勝打を打ったんです。それであの歓声。教育委員会の伊藤さん、気づいてるかな。気づいてないといいな。

2021/4 - 2022/3 解説

この年はまだタワマンに住んでいる時ですね。TGC teenのMCをさせてもらったり、東京ガールズコレクションのランウェイを歩かせて頂いたり、自分の事を芸人というより芸能人だと思ってしまっていた年です。芸能人のコラム目を通させていただきました。まずはゴールデンウィークのコラムですね。うーん。芸人が書くコラムというよりラッパーが書くコラムですねこれは。いやラッパーも書かないんですけど自分の事をラッパーだと思ってますね。ゴールデンウィークかと思ったらチーズだったりシールだったり。後半ある程度予想できるしな。だったらもっと裏切ってほしさもあるといいますか。ずっとウィークの部分を変えているのでゴールデンの部分を変えてみるとかできなかったもんかね。5日目は消しゴムでは消せないペンで永遠に文字を書く夢を見ました。ゴールデンウィークじゃなくてボールペンスリープでした。とか。お薬をもらいに行ったらケーキが出てきました。ゴールデンウィークかと思ったら処方箋スイーツでした。とかね。でもこんなこと書いてあったら何年後かの後藤にもっと言われそうでこれはこれで怖いですね。次。傘のやつ。これはアーティスト気分ですね。雨好きとか言ってたもんな。屋根があるところで傘閉じるか閉じないか問題。たしかにありますねこんなことは。たしかにありますねくらいの時点でキャディさんの結論では解決できてない訳ですよ。何年か越しにもう一回考えてみましょう。雨が降っていて傘をさしていて高架下に入った時は傘閉じましょう。だって濡れないのだから。高架下に入ったから濡れないとかそんなことは考えずに一旦《いったん》止んだのだと思いましょう。止んだら閉じますもんね。そして高架下を抜けたらまた降ってきたよみたいな顔をして傘をさしましょう。3年後の回答はこれです。キャディさんの方がユーモアがあるよね。次行きます。スケボーの話ね。あれから月日が経ちまして何度もスケボーをできる瞬間はあったと思います。でもごめん。一回もやってない。ただあの頃自分でつけた傷が最新の傷のまま残っております。あの頃ビビッて何もせず帰ってきたと言っていますがそれはちょっと嘘でして、一回勇気を出して僕は乗っているはずです。スケボーパークの誰もいない端っこに行って後輩のDen君と2人で「スケボー初心者はこれから始めろ。」的なタイトルの動画を見ながら平面でスケボーが動かないようにバランスを保ちながら立ってみました。それくらいはできました。ただ周りは坂とか棒の上とかをシャーッと走り回っているのに対し僕とDen君は端っこで立ち往生。そんな状況が情けなくて帰ってきました。スケボーに乗って帰るのではなく抱きかかえながら歩いて帰ってきました。それ以来そのスケボーには乗っていないです。懐かしいもんでまた乗りたくなった今ですがまた今年もオリンピックです。また何年後かに乗れる機会があるといいですが。お次は夏休みの宿題の話ですね。たしかに好きな食べ物は最後に食べますね。そして宿題も最後までとっておいてしまう。ここで宿題を嫌いな食べ物としてやらないという結論で終わったわけですね。自由研究ってそんな自由でよろしかったんでしたっけ。さすがに小学校4年生でそんなに肝が据わってる筈がないので僕がやった自由研究を思い出してみました。いとことF1の車の特徴をまとめた年。カブトムシの成長をまとめた年。ガラスで一からコップ作りをした年。貯金箱を作った年。バリアフリーについてまとめた年。なんとか5つ思い出せました。この5つは確実に小学校6年間の中でやりました。ただあと1つどうしても思い出せないのです。夏休みの思い出は大切に覚えてる筈なのに思い出せない。小学4年生の後藤。本当にこの宿題をやらないという自由研究。だしてる可能性がでてきました。違うわ。思い出しました。小学4年生で初めて骨折をしましてカルシウムについて研究したんですわ。自由研究なのに結構本格的なことをしていました。すみません多分宿題もしっかりやっています。次行きます。祖父母のスカイツリーの話ですね。この衝撃は今でも忘れません。いい話なのですが僕は見逃しませんよ。「たま〜に東京に遊びに来てくれます。自動販売機のあったか〜いみたいな伸ばし方してしまいすみません。」の部分。許しません！　みなさんも許してないですよね。たまったもんじゃないですよね。あったか～いの伸ばし方されて許せるひとっているんですか。一番怒ってるのは、つめた～いですよね。つめた～いの伸ばし方もしてるのにあったか～いだけ抽出して謝って。許せない。たま～にだけだったからよかったですけどそのあとに東京スカイツリ～いみたいな感じでまたあったか～いやつめた～いみたいに書いてたらホント取り返しのつかないことになってましたよ全く。危ないんだから。はい、これくらいしか言うことがありません。次に行きます。エレベーターのお話ですね。そうそうキングオブコント1回戦このネタやったんですよ。サラッと落ちたことを報告してますがこれは思いっきり落ちましたね。「ごめんねおじさん。」で済まされないほど思いっきりすべって敗退しました。落ちたのをおじさんのせいみたいに言ってるのが

少々腹立ちますよね。もちろんおじさんのせいじゃありません。都築のせいです。僕とおじさんの台本は完璧だったはずで、石橋の出番も少ないのでこういう時は消去法で都築のせいになります。なのにおじさんのせいみたいにして、これこそ本当の「ごめんねおじさん。」ですよね。次行きます。11が書いたコラムですね。自分が11なら11がたくさん出てくるからこのコラムは好きだという事で締まってます。なるほど。気になるところは23時の事はどう思ってるかですね。23時とはいえ時計の針が指すのは11時。当時の僕になったつもりで答えます。23時は嫌いです。11じゃないからです。こんな感じでしょうか。恥ずかしながらめっちゃ言いそうですよね。サボってるだけじゃん。今の僕が真剣に考えます。23時は11じゃないから嫌いですかね。はい、

何も変わってません僕は。次行きます。M－1グランプリ敗退した話をしていますね。敗退した時の事をめちゃくちゃ覚えているのですが、このコラムを書いている時、相当悔しかったんだと思います。間違った落選理由を7つ書いているのですが、これ間違いは4つしかないと思います。石橋の分け目と僕の服と石橋のネクタイがピンクすぎたのと僕のズボンの丈が中途半端だったこと。この4つは落選には関係ないと思うので間違い。残りの都築の胸を叩く回数とボーダーが目に悪かったのとベルトが垂れていたことの3つは落選に関係していると思います。なぜなら落ちた時は大体都築のせいだからです。エレベーターの時と同じように。だから間違いの数は4つですね。次はダイエットの話。今はソファーの下にブルブルマシーン眠っています。ごめん乗るだけのやつも続かなかったよ。売ってもいいかな。最後の話は卒業式にイチローが勝ち越しヒットを打ったやつですね。これを教育委員会の伊藤さんが読んだらあれそういう事だったのかってなってしまいますよね。自分で歓声が起こったわけじゃないショックなのか自分の話し中にみんな野球見てたことがショックなのかどっちなんだろう。まぁ芸能人の自分にはどっちでもいいことなんだろう。

2022/4

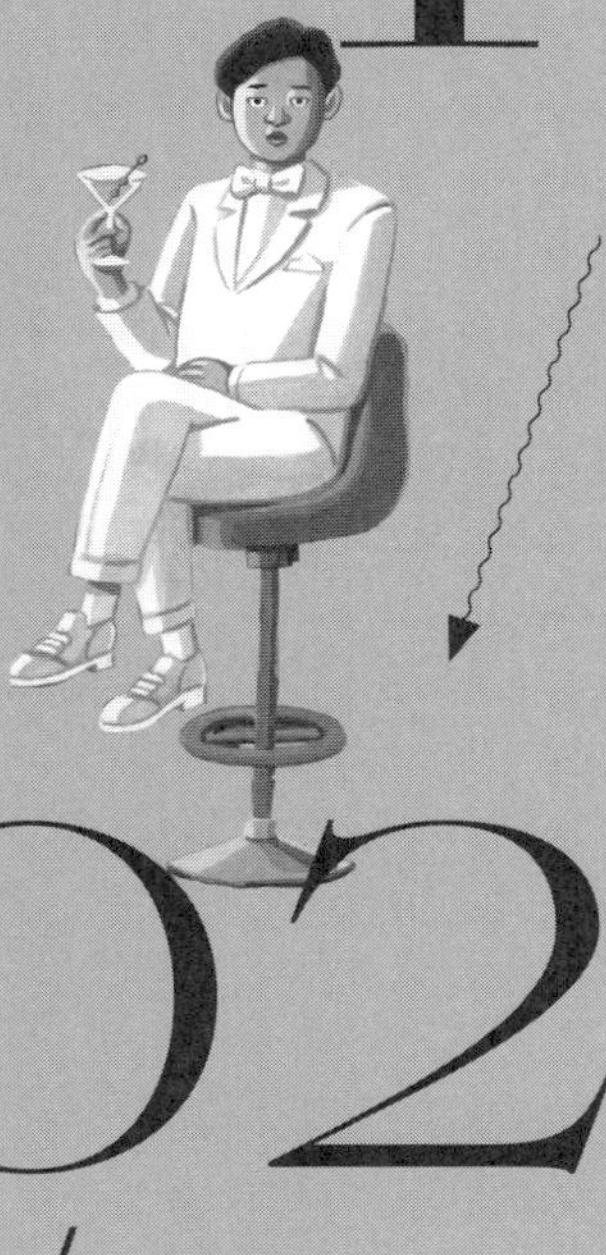

2023/3

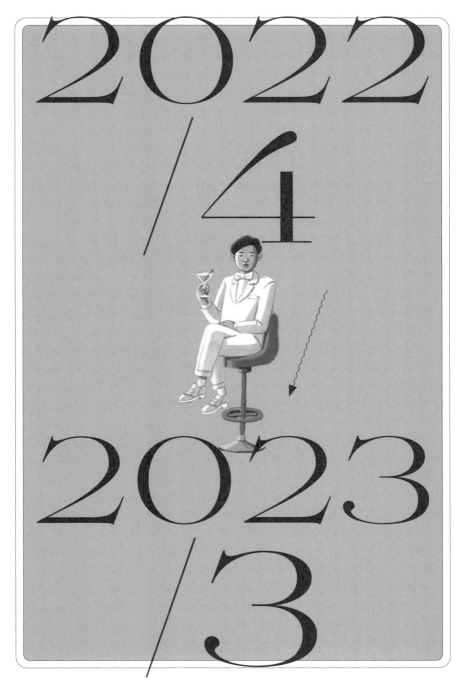

20220525

TikTokの人です

みなさまごきげんよう。すみません、朝倉未来《みくる》の挨拶しちゃいました。気を取り直して、みなさまお久しぶりです、後藤です。先月はお休みしてしまい申し訳ございません。元気になりました。犬連れてコック帽子かぶった女の子が、こちらにパンを投げてくれてから元気100倍でございます。

最近起きたことを書いていきたいと思います。ふと、インスタグラムのライブ配信をしたんです。来たコメントに、ただコメントを返すだけの配信です。その時は700人くらいの方が見てくれていました。なんですけど、それをやってから1週間くらいでフォロワーが5万人くらい増えたんです。

なんでだろうか調べてみたところ、TikTokという別のSNSに誰かが僕のライブ配信の一部分を切り抜いて載せてくれたらしく、それがバズって僕のライブ配信を見ようとフォローしてくれた方が増えたようなんです。

友達から「最近 TikTok でめっちゃお前でてくるわ〜」などと言ってもらえたこともありました。先日、街で声をかけられた時も、「すみません TikTok の人ですよね」と言われました。別に僕が TikTok をやっているわけではないので正確に言うと TikTok の人ではないのですが、気がつけば「はいそうです」と返していました。

僕もどんな感じで動画が流れてくるのか気になりまして TikTok をダウンロードしてみました。そして見てたらこれ面白いんですよ、短い動画が次々にめちゃめちゃ出てくるんですよ。みなさん個性がある動画を載っけていてですね、飽きないんです。すごい筋肉の人がダイエットにオススメの食品を叫んだり、きれいな人がオリジナル料理作ってお酒飲んだり、種類も多いんです。

あまりにも TikTok が面白いので後輩にオススメしたら後輩もハマりました。僕の家に来た時も後輩は TikTok を見るようになりました。チラッと後輩のスマホを覗くと僕のインスタライブの切り抜きが出てきました。「おおっ」と思ったその時、後輩は見ずに次の動画に進みました。

その瞬間、僕の思考が止まりまして先月、休ませていただいた感じです。嘘です。後輩が僕の動画飛ばしたのは本当です。

20220622

たまごっちと僕

どうも家のベランダでオシャレにコラムを書かせていただいています。後藤です。ええ？　ベランダでコラムって原稿用紙飛んでいっちゃうんじゃないのん⁉　って思ったそこのあなた。大丈夫なんです。パソコンです。デジタルデジタル♪　よろしくお願いします。

すみませんふざけ終わったところで、なんとこのコラムを連載しているポップスタイルが800回記念だそうです！　おめでとうございます（祝）。普段、ポップとはかけ離れたスタイルの僕ですが今日はちょっとポップにいきたいですね。

800といえば、このコラムの文字数も約800文字。そう考えるとすごくないですか。この一文字一文字ぶんの数のポップスタイルがあったということになるんです。

さて800回の凄《すご》さが分かったところでポップにいきたいのですが先日ラップバトルの大会を見にいきました。ラップバトルというのは音楽に合わせて即興でラップをして会場をより沸かせた方が勝ちというアツいラッパー達のバトル。それを見にいきました。ポップですよね僕。

周りのお客さんはラッパーの関係者ということなのか見た目がすごくイカついんです。大きいピアスをしている人がいれば派手な刺青《いれずみ》が入った人もいる。改めて自分の服装を確認するとシンプルなTシャツに長ズボン。左手首にはたまごっちスマート。今のたまごっちは腕時計みたいに手首につけれるんです。逆に尖《とが》った関係者みたいな服装でした。

そんな時、会場の爆音に負けないくらいの音がたまごっちから聞こえました。どうやらお腹が空いているようです。周りのイカつい皆様も気づいたようで、「誰だよこんなところで」みたいな顔で、「たまごっちの音がしたぞ」とざわつき始めます。

こんな方々もたまごっちを知っていることに少し感動しつつ、ほぼ9割は動揺です。でもたまごっちはこんな中でも僕に音を使ってメッセージを送っている。たまごっちにとって大事な人は僕なのだが、ラップバトルに連れてきたのは僕じゃないんだという表情をして、まっすぐラップを見ていました。ただ僕にだけ届いて欲しかった。が、みんなに届いてしまった恋の歌。外に出てご飯をあげました。

ノーポップですね。８００回記念おめでとうございました。

20220727

早起きは得か

みなさんおはようございます。起きたての後藤です。誰よりも先に「おはよう」の挨拶をみなさまにしたくて、声に出しながら書きました。みなさんも声を出しながら読みましょう。せーの、「おはようございます」。夕刊ですね。失礼しました。

さてさて本日の後藤ですが、これ本当に起きて朝一番に書いております。なんだか早起きが流行っているらしく、一日のパフォーマンスが上がるとか。「どれくらいパフォーマンスが上がるのか試そうじゃないか」と、このコラムに持ってこさせていただきました。

ちなみにこちら、朝5時半です。僕の中ではかなりの早起きです。起きようと思えば起きられるものですね。朝っぽくコーヒーを飲んでいますが、まだ頭は起ききってないような感じがします。

テレビをつけたら、アナウンサーがこちらに向かってニュースを読んでくれました。あれ、待てよ。僕、このアナウンサーに早起きで負けてるな。そう思いました。僕は今日誰よりも早く起きたつもりだったので、少し違和感を感じました。

早起きって何時から受付開始しているんだろうと。ここを掘っていきたい。早起きと書かれた整理券は何時から配布されているんでしょうか。

この世界の全員の中で一番早く起きるには何時なんだろうと。夜勤の方々からすれば夕方が早起きの可能性もありますし、早起きの時間帯が平等でない限り、早起きに公平なジャッジは下されることがないんですね。悔しいです。

せっかくの今日の早起きが場合によっては最下位の可能性があるんですもん。やってられないですよ。

いま思い出したのですが、先程まで見てた夢はF1レーサーになった夢でした。1位でゴールしたと思ったら、周回遅れで結局ビリになって、悔しがるという夢です。

早起きコラムの検証結果。朝一で何かを生み出そうとすると、かなり夢に引っ張られて「どうしちまったんだこいつ」ってなる。そして僕が寝たの、実は3時半でした。睡眠時間はおよそ2時間です。早寝も大事。「おやすみなさい」。さぁみんなも声に出して。「おやすみなさい」。夕刊でしたね。

20220824

祭りをつくる

最近家から花火が見えました。ということは花火からも僕が見えてるってことですよね。花火に後藤ですと自己紹介しました。僕が自己紹介した花火は消えてしまいましたが、次の花火がパーンと返事してくれました。

というわけで後藤です。こんにちは。みなさんお祭りには行きましたでしょうか。僕はお笑いのイベントでいくつかのお祭りに参加させていただいたのですが、お店を回ったりということはできていません。

そこで考えたのです。お祭りに行けてないなら家でお祭りをすればいいんだと。近くのスーパーでかき氷器を買いました。焼きそばや唐揚げをいれるプラスチックの容器も買って、なかなかお祭り気分を味わえたのです。その時の画像をツイッターに載せるとなんと約13万「いいね」をいただきました。バズったのです。

それを見た仲良しの芸人達が俺達もお祭り参加したいと連絡をくれて、3日後に来ることになりました。せっかく来るのならば、もっとクオリティーを上げたいと思い、キャラクターのお面、瓶のラムネ、お風呂でスーパーボールすくいをやる用のスーパーボール200個をネットで注文しました。後日物が届き始めクオリティーを少し上げることに成功しました。

3日後に来た芸人達は「お祭りよりお祭りじゃん！」と信じられないくらい嬉しいことを言ってくれました。そこからみんなで焼きそばを食べたり、かき氷作ったり、お面を被《かぶ》ったり、お酒も飲んだり、無事に楽しませることに成功し、みんな笑顔で帰っていきました。

余韻に浸りながら洗い物をしていると家のチャイムがなりました。宅配便でした。中を開けるとそこにはものすごい数のスーパーボールが入っていました。たくさんあって数えられる訳ないのに一瞬でスーパーボールの数は200個であることが分かりました。間に合わなかったんです。

お祭りに参加しそびれたスーパーボールが僕の家にはいま200個あります。スーパーボール屋さんを開きたいくらいあるので、葉山南（大ヒットドラマ「ロングバケーション」のヒロイン）を恋に落としたい方がいれば、いつでも僕に連絡ください。

20220928

そこに立たない理由

どうも「希望郷いわて文化大使」の後藤です。この度岩手県の文化大使になりました。事実です。

岩手県で過ごしたのは生まれて2か月ほどで、育ちはほぼ埼玉県なのですが、岩手県出身と言い続けていたおかげでここまでこられました。みなさん、言い続けることは大事です。本日もよろしくお願いします。

先日、和食を食べる時のマナーを習うという企画の番組がありました。焼き魚の食べ方であったり正しいお椀《わん》や箸の持ち方をマナー講師に学ぶというものでした。

マナー講師の方はガミガミと厳しいというよりは上品に静かに厳しい感じでした。間違っていたら、「違いますよ」と一番メンタルにくる叱り方です。

和食を食べるシーンが終わり、一息ついて僕が畳に立っていると、マナー講師の方が僕にだけ聞こえる声で「そこには立たない」と言ってきました。何でだろうと思い足元をみると、僕はたしかに畳と畳の間の畳縁《たたみべり》をまたいで立っていました。

ここに立ってはいけない理由を問うと「下に刀を持った忍者がいたらどうする？」と聞かれました。「何言ってんだこの人」と思いながら忍者ですか？　と聞き返すと「この畳の間に刀を持った忍者がいたら一刺しでやられてしまうでしょ」と言われました。忍者が隠れている可能性を見越したマナーだったようです。「いいことを聞いたな」と思いました。

休憩が終わり次の企画に行くと、畳と畳の間の先程僕が立っていた位置に僕の立ち位置をしめす「バミリテープ」が貼ってありました。

マナー講師も僕のことを見ているので、僕は勇気を出してスタッフさんに「すみません、僕ここには立てません」と言いました。「なんでですか」と当然の答えが返ってきました。「この畳と畳の間に刀を持った忍者がいたらどうしますか？」と僕は続けました。

ウケました。かなりウケました。みんな失礼だなと思いながら「これもマナーですよね」と言いながらマナー講師の方をみると、マナー講師が一番笑っていました。僕はあのマナー講師を許しません。

20221026

「スポーツの秋」異議あり

こんにちは後藤です。秋が来ましたね、このコラムが始まったのは2019年4月なので、このコラムが始まってからは4度目の秋です。秋が来ても飽きが来ないように、気を抜いたらあきませんなという思いで、スケジュールに空きを作らず今月もコラム書かせていただきます（いただきます）。

みなさんはスポーツの秋という言葉に違和感を感じたことはありませんか。なぜスポーツの秋なのか。オリンピックだって夏と冬ですし甲子園だって春と夏ですし。スポーツを秋が担っている意味がちょっと僕には理解できないんです。

「スポーツの四季」にして、「春夏秋冬」をヒルクライムの曲のように贅沢《ぜいたく》に利用してもいい気がするのに、秋が独占してるんです。

そこで僕は、「なぜスポーツを秋が任せられているのか」を考えたんです。おそらくですが、まずスポーツの秋という言葉を母音にします。すると「うおおうおあい」になりますよね。この母音で表せる言葉がもう一つあることに気が付いたんです。それはずばり「無所属の会」。スポーツの秋と無所属の会に強い関係性が見えてきます。

スポーツと秋がお互い無所属だったのではないでしょうか。逆に考えると春夏冬は何かに所属していた。

考えた結果、春はおそらくストールに所属していた。暖かくなってくる季節でも、まだ肌寒いなんて日に薄いストールをまく、なんてことありますよね。夏はストーム。台風が一番多いですよね。冬は言わずもがなストーブ。ないと過ごしていけません。

このようにストールの春。ストームの夏。ストーブの冬。それぞれの所属するものが見えてきます。そんな中、どこにも所属できなかった無所属の秋とスポーツがタッグを組み、できた言葉がスポーツの秋。

これが僕の考察です。絶対あってますよね。それでは本当の意味を調べてみます。フムフム。ほうほう。なるほど。調べた情報によると、「東京オリンピックの開会式が開催されたのが10月10日だったため、その日が『体育の日』(現・スポーツの日)になり、運動会も秋に行われる学校が増えたから」とのことです。へー。間違えました。間違った考察にもかかわらず読んでいただき、あきがとうございました(ありがとうございました)。

20221130

ゼニガメのままで

こんばんは。歴史に名を残したい後藤です。

高校の時にそういう自己紹介をしました。先生にも相談しました。大学に行ってたくさん勉強すればいいと言われました。はいと返事をしてワタナベに入ってたくさんお笑いしてます。先生すまん。というわけでコラム書いていきます。

今月ポケットモンスターの新作ゲームが発売されましたね。皆さん購入されたでしょうか？

僕が初めてポケモンをプレーしたのは小学生の時、リーフグリーンというゲームボーイアドバンスのゲームでした。最初にゼニガメというポケモンを選んでゲームスタート。ゼニガメが進化するまで購入初日はプレーしました。無事ゼニガメが一定のレベルまで育ったところでカメールというポケモンに進化しました。

ゲームをやめようと思いセーブデータを残そうとすると、セーブボタンが見当たらないのです。なるほど、「勝手にセーブができてるやつね」と思い、ゲームを消しました。次の日ポケモンをつけてみると僕のかわいいカメールが、かわいいゼニガメに退化していたんです。

かわいいからいいか。とはなりません。セーブデータを残せていなかったんです。僕はその瞬間、「消したらダメなゲームなんだ」と思いました。また一からプレーをし、カメールに進化させました。消したらダメだと思い、ゲームの電源をつけたまま眠りにつきました。翌朝、電池切れで消えてました。電池交換をしてつけてみると僕のかわいいカメールはかわいいゼニガメに退化していました。

こうなったらカメールも進化させてやろうと思いました。一からプレーをし、ゼニガメがカメールに進化し、カメールがカメックスに進化しました。「カメックス！ ここまでやったらどこかしらでセーブされてるはず」と思い、ゲームを消して友達にカメックスを自慢しに行きました。電源をつけると僕のかわいいカメックスは、もうもはやかわいくないゼニガメに退化してました。

そこで友達に教えてもらうと、セーブをするためには、セーブボタンではなく、「レポートを書く」を選択するとのこと。〝レポート〟を書かないとデータは消えちゃうみたいなのです。先生の教えは絶対です。

2022.12.28

流行語になれない

どうも青にちは。後藤です。あ、すみません挨拶の色を少しだけ鮮やかにしてしまいました。もう少し色のトーンを下げますね。どうも紫にちは。あ、すみませんちょっと赤みを入れてしまいました。赤抜きます。どうも紺にちは。これですね。

さあ自己紹介に虹がかかったところですけども皆さん。今年も流行語大賞が決定しましたね。「村神様」ということで、東京ヤクルトスワローズの村上宗隆選手が日本選手シーズン最多の56本塁打を放って史上最年少の三冠王となり、神のような成績を残しました。

そこで歴代の流行語大賞を調べてみるとなんだかスポーツの言葉が多いようなんです。昔は芸人さんのギャグからきていたイメージだったのですが最後に芸人さんのワードが大賞をとったのは2014年日本エレキテル連合さんの「ダメよ~ダメダメ」。最後の芸人さんの受賞からもう10年近く経ってしまいそうなんです。究極いうとギャグが近年流行ってないことになります。

そろそろ芸人界からの流行語が欲しいということで私後藤が立ちあがろうではありませんか!! 23年の流行語は芸人界から僕に任せてく

ださいということで、お先に皆様に来年の流行語を伝えておきます。

私、後藤は今月からバッティングセンターにちょこちょこ通い始めております。これも全て流行語大賞をとるためです。そしてプロ野球界に入ろうと思います。ええ！　読売巨人軍に入りますよ！　そしてとんでもない成績を残すんです。バッティングセンターでもボールに当たるようになってきましたし多分いけます。打率は6割打ちます。ホームランも70本はいけます。打点も150は堅いです。

キャッチボールもたまにしているので守備もうまいと思います。丸佳浩選手には申し訳ないですがセンターを守ります。そしてゴールデン・グラブ賞もとります。

僕が来シーズン神のような成績を残します。するとどうでしょう、来年の流行語がもう見えてきましたよね。そうです、来年の流行語は神のような成績を残した後藤拓実に送られる「GODう拓実」でいかがでしょうか。流行語大賞を目指し来年も頑張ります！

皆さん今年も1年間ありがとうございました!!

20230125

その気持ちは嘘じゃない

あけましておめでとうございます。後藤です。これを読んでくださっている皆さんに一番最初に「あけましておめでとうございます」を伝えたくて、今日この日までこの言葉をとっておきました。やっと言えたなという感じです。今年もよろしくお願いします。

今年の正月は毎年恒例、埼玉県の実家に帰りました。両親と妹に「あけましておめでとう」と伝えた後、妹に渋谷に連れて行ってくれと言われてすぐに渋谷に行きました。母と妹と行ったのですが妹は渋谷109に欲しいものがあるからと言って109に消えていきました。

母とご飯でも食べて妹を待とうということになり、フラッと店に入ったのですがそこのお店が大画面でお客さんみんなでeスポーツをみられるという店でした。

eスポーツというのはゲームのスポーツのようなものです。店はすいていて、ほぼ母と2人で大画面で流れている知らない海外のゲーム配信者の動画を見ながらフライドポテトを食べました。The正月でした。

妹と合流し、また埼玉に帰りました。父方の祖父母の家に行き親戚に「あけましておめでとう」と伝えた後にお酒を飲んだりご飯を食べたりしました。

　仕事が始まりいろんな地方のイベントにも参加させてもらいました。7日に愛知のイベントに来てくれたお客様に「あけましておめでとうございます」と伝え、30分のネタをやりました。

　8日には博多のイベントに来てくれたお客様に「あけましておめでとうございます」と伝えて、30分のネタをやりました。

　そのイベント中にお客さんがリクエストしてくれた曲を相方の都築が歌うというものがあり、お客さんに何を歌ってほしいか聞いたところ、小学生の女の子がきつねダンスをリクエストしてくれました。

　きつねダンスのことを「歌う曲」という認識が僕ら含め会場の皆様になく、どのネタよりも大きい笑いがおきました。僕の初笑いは小学生の女の子に持っていかれました。悔しいです。

　さて今年の抱負を発表します。嘘をつかない大人になる。です。

20230222

後輩と友達のあいだ

みなさんこんにちは。みなさんは2月のイベントで一番人気なものは何か知っていますか？　特別に教えてあげます。バレンタインデー？　違います。節分？　違います。正解は2月6日、僕の誕生日ですね。ありがとうございます。26歳になりました、今月からはひと味違う後藤です。よろしくお願いします。

さてそんな今年の誕生日の出来事なのですが、当日に横田というお友達が家に来てくれました。横田は元々、同じ事務所のワタナベエンターテインメントに所属しており、芸人をしていたのですが解散してしまい、今は別の事務所の養成所に通っています。なのでまだ芸人ではないので、僕は横田をお友達という関係にしていました。ですが横田はそんなこともなくしっかり後輩でいてくれるのです。

その日も「誕生日なんで後藤さんにプレゼントがあるんですよ。いつもお世話になってるので奮発しました」と言ってくれて、渡されるのを待っていると「ちょっとこの部屋にはないんです」と言われ、僕の部屋の扉の前に連れて行かれました。

僕の部屋はいわゆる書斎という生意気なものになっておりまして、

部屋の隅の机の上にパソコンがあり、その前にイス、部屋の壁には本棚がぶわ〜っとあるというシンプルな部屋です。

「この部屋にあるので部屋開けてみてください」という指示に従い部屋の扉を開けてみると、書斎の何も置いてなかったちょうど真ん中の位置にぶら下がり棒がそびえたっていました。懸垂などができるマシーンです。とりあえず出た言葉はありがとうです。それはそうです。僕のためを思ってくれたプレゼントなのですから。

「この部屋でネタを思いつかない時に懸垂をして、懸垂が限界来た時にネタを書けば後藤さんは最強になれる」と言っていました。要するに、もっといいネタ作ってもっといい体になれよってことですよね。こいつは僕のことを先輩ではなくめちゃくちゃ友達として接していることがわかりました。

横田は今年の4月にまた正式に芸人になるので、それまではお友達で許してやります。

20230322

花見では桜を見ない

後藤です。いつもどうも後藤です。と挨拶しているのですが卒業シーズンということで僕も何か卒業しようと思い「どうも」という言葉を卒業させていただきました。卒業生の皆さん卒業おめでとうございます。それでは改めまして、どうも後藤です。すみません、「どうも」に再入学してしまいました。これからもよろしくお願いします。

お花見の季節がやってきましたね。お花見の思い出と言えば、小学生の時です。父親が花見に行くぞと言うので家族で行くことになりました。そこで母と姉と作戦会議を立てたんです。母親主催の作戦会議です。

作戦その1「父親から目を離すな」。父に外で酒を飲ませたら、どこかに消えて寝てしまう傾向があるということで、僕がこのプロジェクトを任されることになりました。

作戦その2「帰りたそうにする」。父は飲みだすとかなり長いので、1秒でも時間をまくために、頻繁に時計を見たり眠そうにしたりして、もう帰りたい感じを出す。このプロジェクトは姉の担当になりました。

作戦その3「楽しい気持ちは忘れない」。なんと言っても花見なので、行きたくない訳ではないし、みんながつまんなそうにして父が不機嫌になるのも違うので、楽しい気持ちは忘れず過ごす。これは母親が担当することになりました。

作戦会議が終わり桜の咲く河川敷につきました。座ると同時に缶ビールを開ける父、それをじっと眺める僕。目を閉じる姉。笑っている母。いいスタートを切りました。各々《おのおの》が各々の仕事を完璧にこなす。これぞワンフォアオール、オールフォアワン。カタカナでみるとバカみたいな言葉になりますね。

3本目の缶ビールを手に取った父が立ち上がる。ちょっと歩きながら桜見てくるよ。その言葉を聞いた僕は姉と母に「俺に任せろ」という意味を込めたアイコンタクト。うなずく2人。距離を取りながら父親の後を追う。飲むよ、これ飲むよ、はい飲んだ。万引きGメンばりの観察力。1周して戻ると時計を見ている姉が父の目に入る。父は一言。「帰るぞ」。

帰りの車で父と母がこう言いました。「桜綺麗だったね」。僕が見ていたのは父。姉が見ていたのは針と数字とまぶたの裏。あの頃は言えなかったが今は言えるだろう。そうだねと。

2022/4 - 2023/3 解説

この年の最初の方にインスタライブという自分にとって大きなコンテンツに出会い鼻を伸ばします。まだタワマンに住んでいて順調そうな序盤。この年に別のタワマンに引っ越します。実はタワマン2か所経験しているのです。グレードを上げてから少し生活に支障が出てきた頃のコラムを振り返ります。いきなりそのインスタライブの話ですね。この月の前の月は休んでしまったんですかね、元気になったことを伝えるために「犬連れてコック帽子かぶった女の子」がパンを投げてくれていますが普通にバタコさんて言ってほしいですよね。読んでいてどういうことだっけ？となりました。バタコさんと言われても突然なのに、突然の犬連れたコック帽の女の子は本当にそういうことがあったのかとすら思います。これはバタコさんです。そのあとはちょっと嫌なカッコつけ方しちゃってますね。僕はもともとTikTokをダウンロードしていたはずです。なのにTikTokを知らなかったけど面白いのがあるんですねみたいな時代に乗り遅れてる俺かっこいいでしょう感を感じて恥ずかしい。恥ずかしいよ俺。恥ずかしがらずに言ったらいいのに。TikTokを今は見てるかと言いますと、最近はあんまり見てないですね〜。次行きます。なんでベランダで書いてるのよ。絶対入った方がいいって。原稿用紙飛んでいっちゃうんじゃないのんっ!? て思わない。中に入りなって思う。からのラップバトルでたまごっちが鳴った話ですね。たしかに周りにいかつい人たちがいるなかたまごっちスマートをつけていった記憶があります。家を出る前はもっと調子に乗っていました。後輩と一緒に行ったのですが行く前に後輩の前でたまごっちを腕につけました。それつけていくんですかという後輩の問いかけに僕は当たり前でしょ、これくらい攻めたファッションしないと周りの圧に負けちまうからビビらないほうがいいよと返しました。そこからのこのコラムのザマです。よりダサくなりますよね。次行きます。早起きして書いたやつですね。F1レーサーの夢に引っ張られて早起きの順番も周回遅れしてるんじゃないかとそういったコラムです。多分この頃の僕的にも仕上がりがイマイチだったんじゃないかと思います。それがわかるポイントとして最後の方の「僕が寝たの、実は3時半でした。」高校生でも許されない言い訳ですね。「実は」ってところがものすごい腹立ちますね。これを見て、えー23時には寝てるんだと思った！ とか3時半まで起きてるなんて！とか思う人はいないですよね。睡眠の大事さを伝えたいコラムとして読んでいただけたら幸いです。次。夏祭りのお話ですね。うーん。いいねぇぇぇ。家で夏祭り、やりましたね。最後の方がいいですね。スーパーボールがたくさんあるのに200個あることがすぐに分かってそれからの葉山南のオチ。いいです。結構いいと思うのですが最初がとってもエモさを出そうとしていて嫌です。花火からも自分は見えているのか考えてる俺、花火に話しかける俺、消えちゃって次の花火に返事をもらってる俺、エモいっしょ感。これはエモ痛《いた》ですね。「花火に挨拶したら爆音が返ってきたので花火を怒らせてしまったかもしれません。」みたいな感じにしておけばエモ痛さはなくて完璧だったんですけどね。まぁ面白くはないですが。過去の勝ち。次行きましょう。マナー講師さんのお話ですね。これも覚えています。畳と畳の間に立つと下に隠れている忍者に刺される可能性がある。いまだに畳と畳の間に立つ人を見ると、おいやられるぞと思います。僕も絶対に立たないようにしています。親しい人がそこに立っている時には忍者がいる可能性があるからそこに立たないほうがいいよと言って笑いを取っています。そうです自分が考えたかのようにそのマナー講師さんのネタをパクッて擦っているのです。最後に僕はあのマナー講師を許しませんと書いてありますが、許すどころか感謝していいます。ありがとうマナー講師さん。次行きます。怒濤の秋ラッシュから始まりなぜスポーツの秋というのかという話ですね。言っておかないといけないのはこの時期僕はラップを作ってたんです。正直ネタよりラップの歌詞を書いていました。そんな時期のコラムなのでこっちでも韻を踏みたくなっちゃったんですね。自分の事を芸人というよりラッパーだと思ってしまっていますね。スポーツの秋と無所属の会と韻を最初から最後まで踏んだ後にストール、ストーム、ストーブときてスポーツ。夏だったらストームじゃなくてスコールでも行けましたね。プールや海に行ったりするのでクロールでも韻踏めますし、甲子園もあるのでグローブでも韻踏めますね。そうなんです。今もたまにラップの歌詞書いてます。ラッパーコラムにならないように気を付けていきましょう。次です。進化したのに退化してしまうコラム。小学生の頃を思い出しました。最後の「先生の教えは絶対です。」というのは最初の大学に行くべきだという先生の教えから大学でもポケモンでもレポートを書くというつながりから言っているのですね。なるほど。これをあの頃の僕が見ればみなまで言うなと言われると思います。が、伝わらないよりいいと思うんだ。伝わる人にだけ伝わればいいという考え、これはもうやめにしよう。

申し訳ないが今の僕はみなまで言う。次に行かせてもらいます。芸人界から流行語を出すために自分が野球を頑張るという結局野球なんかい！　という面白いコラムですね。読んでいてヒヤヒヤしました。「23年の流行語は芸人界から僕に任せてください」の所を読んだ時に一旦読むのをやめました。何を書いたか忘れていてこのあとでてくるであろう、忘れている自分で書いたギャグがどれだけつまらないものか確認するのが怖かったんです。覚悟を決めて読んだらなんだそういうことかと安心しました。その安堵もあるのかナイスコラムと声がでました。ちなみに23年の流行語大賞はまたもや野球界から岡田監督のA.R.E.ですね。野球もギャグも頑張れなかったね23年の後藤君。いつかとろうね。次行きます。年が明けてあけましておめでとうと言うのを我慢しましたと言ってからの、いや言いまくってるじゃんかというコラムですね。そして最後の嘘をつかない大人になるというもう遅いよというオチ。ちょっとやりすぎてますね。普通に渋谷でeスポーツ見ながらお母さんとフライドポテトを食べた正月のほうが気になります。たしかその時に飲んでいたのは2人してエナジードリンク。海外の正月でもそんなことはあまりないんじゃないかと思います。嘘をつかない大人になるという宣言を嘘にしないためにもう一つ補足すると妹はたしか渋谷109ではなくて渋谷パルコに行っていた筈です。この嘘にはだれも気づけませんよね。次です。横田君が誕生日プレゼントにぶら下がり健康器をくれた話です。ここから大きく変わったことが何個かあります。生意気に家にあったはずの書斎は引っ越しを機になくなり、そこにあった家具たちは寝室とリビングに散り散りに分かれました。もらったぶら下がり健康器は寝室にあります。そしてぶら下がり健康器には服を着たハンガーがたくさんかかっています。このことはまだ横田君にはバレてません。横田君は養成所を卒業して再び芸人になりました。今はお友達ではなく後輩です。友達のままだったらすぐに伝えていたのですが今は先輩として後輩からのプレゼントに洗濯物をかけるなんて言えないですよね。ただ僕の体型を見れば懸垂してないことは一目瞭然です。続いて、最後のお花見のお話です。これはいいな。一番いいコラムだと思いました。この年度の最後にいいコラムを丁寧に書いている感じ、ちょっとお財布が軽くなってきた音がします。キャッシュレスに切り替えたと信じたい。

2023
/4
2024
/3

20230426

ムツ地獄

どうも後藤です。4月から新生活が始まった方々は慣れてきましたでしょうか。

僕は8年前に芸人を目指しまして、そこが一番の環境の変化だったと思うのですが、まだ慣れません。焦らず行きましょう。

そんな後藤ですが先月1人で小田原で船に乗って釣りをするという、何とも楽しいロケに行かせていただきました。しかも2泊3日です。クロムツという魚を狙って2泊3日釣りをし続けました。ゆったりと釣りを楽しんでよいという何も辛《つら》いことのない番組でした。

だがしかし、このムツという魚に実はトラウマがありまして。というのも前にも別の番組でクロムツを釣ったことがあるのです。その時の企画は四千頭身3人が24時間以内に100匹の魚を釣って、魚を釣り上げるたびにその魚のダジャレを言うというかなりハードな企画でした。

最初はとても楽しかったんです。サバを釣り上げて、サバのダジャレを言ったり、カサゴを釣り上げてカサゴのダジャレを言ったりしました。ただ次第にシロムツ、クロムツしか釣れなくなる時間がきたのです。ダジャレはカブったらダメなのでダジャレが思いつかなくなってくるのです。

30匹くらいのシロムツ、クロムツのダジャレを何とか出した時に漁師さんが気を使って、狙いを変えてくれることになりました。大きめの魚を狙うということで大きめの針に替えて海に投入しました。3時間くらい何も釣れない時間が続きました。

ダジャレを言うのもきついですが待っているだけなのもこれはこれできついなと思っていた次の瞬間、竿《さお》に大きなアタリがきたのです。ものすごく重く体が海に持っていかれそうになりました。

そこから約40分間の格闘が始まります。最後腰が砕けそうになりながらなんとか船の上まで釣り上げました。1メートルくらいの大きな魚でした。歓喜に包まれる船。

これはなんていう魚ですか！　そう船長さんに聞くと「バラムツ」という答えが返ってきました。いや君もムツなんかい。

そんなこともあったなぁと思いながらこの間はゆっくり釣りをしまして、釣れたクロムツに一言ダジャレを言いそうになりました。

20230531

アイドル後藤

どうも、後藤です。この間パーパーというコンビのあいなぷぅさんとチェキを撮れるライブをやりまして、ファンの方々と60枚近いチェキを撮りました。気分はまだまだアイドルです。挨拶しなおさせてください。アイドル後藤です。

さて、そんな最近の後藤は少しバタバタしております。お仕事もあるのですがどちらかというとプライベートの方でして、もったいぶらずにいうと私この度引っ越すことになりました。引っ越しの理由としては、やはり部屋を持て余しているというところです。

現在メゾネットタイプのマンションに住んでいまして1階に2部屋、2階に1部屋とリビングダイニングキッチンの合計3LDKあるのですが1人で住むには広すぎます。ほぼ2階のリビングにいて寝る時に2階の寝室に行くというもはや1階の2部屋を全く使っていない状況です。

この間、1階の部屋に入った際に「久しぶり」と口に出して言ったくらい使ってないです。部屋を持て余すという引っ越し理由は少しカッコつけた理由でして、カッコつけずにいうと家賃が払えないという理由です。早く出なければと思い引っ越しを決めました。

新しい物件も決まりました。その場所は1LDKでして家賃もだいぶ下げた物件です。入居日も決まりました。隠す必要がないので言うと5月26日です。このコラムが掲載された頃にはもう入居しているはずです。とのことで今の物件の管理会社に退去の連絡を入れたところ、退去できる日が7月17日ということでした。

えっ。あれ。3LDKの部屋を持て余してるからすぐに引っ越しを決めたのに、退去日2か月先の物件だったことを忘れていたため、僕は7月17日まで合計4LLDDKKの物件を借りていることになることになりました。

7人までならルームシェアできると思うのでご希望する方いつでもお待ちしています。すぐに埋まるんだろうな、なんてったって僕はアイドルですから。

20230628

VS小学生

元気？　と聞かれたら元気がなくても元気ですって答えちゃいます。僕がアメリカで育っていてもおそらくアイムファインと答えるんだろうなぁ。今日は本当に元気です。後藤です。

先日お休みがあったので後輩の伏見住吉少年というコンビ芸人と遊びました。何も決めず、とりあえず合流した僕たちは天気が良かったので近くの公園に行って昼間から缶チューハイを飲んでいました。最低な休日です。お昼過ぎくらいに小学生の3人組がやってきました。小さめの公園に僕と伏見住吉少年と本当の少年3人の6人の状態になりました。本当の少年は3人でサッカーをしていました。

僕たちに少年たちが明るく声をかけてくれました。「一緒にやりたいの？」と聞かれました。やりたいわけはありません。ですが元気？と聞かれたら元気がなくても元気だよと答えてしまう僕は、「一緒にやりたい」と返していました。

「分かった」と、少年はサッカーボールを持ち上げドッジボールを開始。大人対小学生の3対3で、どうしたらいいか分からない試合が始まりました。前日の雨でぬかるんだ土の上を、さっきまで転がされていたボールが僕の胸元に飛んできました。とっさに抱きしめるようにキャッチをした僕の白Tシャツは一瞬で漂白を求めてきました。

さぁそして次は僕が投げる番。ゆっくり投げて子供がキャッチしてまたTシャツを汚されても困るし、豪速球をぶつけて泣かれるのも違うし、いろいろ考えた結果、絶対に当たらない位置に豪速球をぶち込むという選択をとりました。読み通り誰もいない場所にボールは行ってくれました。それを見た小学生は「どこ投げてんだよ」と言いました。最近の小学生は結構言う。

しっかりと謝り、小学生から飛んでくるボールを伏見住吉少年の高橋茶々がキャッチ。優しく投げ返す。小学生は「ちゃんと投げろ」。結構言う。

小学生サイドから飛んでくるボールを、今度は伏見住吉少年のさいちがキャッチ。逃げ惑う背中に優しく投げ当てる。小学生は「大人げないね」。じゃあどう戦えと言うんだ。4戦4敗とコテンパンにやられ、小学生は「これからスイミングスクールだから、またね。また来るよ」と去っていきました。僕たちより忙しいのも腹立つし、僕らがこの公園にずっといると思われてるのも腹立つ。

20230726

バーカウンターが入らない

最近、車に乗る機会が増えました。短い移動でも基本的には車を使うという少し調子に乗った行動をしています。車に乗って、調子に乗って、読売新聞にもコラムが載っている。そんなわたくし、後藤です。どうして車に乗る機会が増えたかというと、引っ越しが完了したからで〜す！　イエイ。それまでは駐車場まで歩いて10分かかったのですが、駐車場付きのマンションに引っ越したことにより、頻繁に乗っているということです。

それにしても引っ越しは大変ですね。いろんな人に手伝っていただきました。相方の都築と石橋。先月のコラムで書いた、一緒にドッジボールをした伏見住吉少年の2人。そして「ナチョス。」というコンビのにしむらくん。この5人のおかげです。あと引っ越し業者さん。みんなありがとう。

新居へ荷物を入れている時、業者さんが「後藤さん、事件です」と言ってきました。事件とは、運んできたバーカウンターがどうしても入らないということでした。52万円で買ったバーカウンターなので廃棄もしたくない。悩んでると、伏見住吉少年の2人から神の一言。

「僕らの家なら多分入りますよ」と。

　そこで、2人と他芸人がルームシェアしている家に運び込むことになりました。僕は新居に待機し、伏見住吉少年と業者さんが行ってくれることになりました。感謝が止まりません。

　帰ってきた2人によると、「無事入った」とのこと。どこに置いたのか尋ねると、フリックフラックというコンビのうえやまりつきくんの部屋に「ぶち込んだ」と言っていました。「え、うえやまくん大丈夫なの?」と聞くと、「家にいなかったんで多分、大丈夫」。

　写真（下）を見せてもらうと、絶対大丈夫じゃない。ごめんね、うえやまくん。

20230823

「ワーキャー」を期待して

打ち上げ花火も好きですし、手持ち花火も好きです。手持ち花火が打ち上がるか、打ち上げ花火を手に持つことができたらいいのにね。って最近思っている、わたくし、後藤と申します。

皆さんは夏祭りに行きましたか？　人混みが苦手な僕ですが、今年は僕が育った埼玉県朝霞市の「彩夏祭《さいかさい》」という大きな夏祭りに行きました。

1人で行ったわけではなく、事務所の後輩であるゼンモンキーというトリオのむらまつ君と行ってきました。彼とは同い年で同じ朝霞の育ちなので仲良くなりました。学生時代はなんでもなかった僕が、少し有名にさせていただいてから初めて行く彩夏祭ということで、何かを少し期待していました。そうです、ワーキャーです。ワーキャーを期待しました。むらまつ君に「やっぱり後藤さん、すごいや」と思わせるためにも、いいものを見せてやろうと気合を入れて臨みました。

ただ、いざ行ってみると誰も僕なんかに気づかず、すれ違う人はみんな、よさこいフェスタの鳴子《なるこ》に夢中。これではいけないと深く被った帽子を浅く被り直し、少し顔を見えやすくして再び歩き始めました。

それでもこちらに見向きもしない人たち。諦めかけていたその時、お店のおばあちゃんが声をかけてくれたのです。「あら、あんたなんだか芸人さんに似てるね」と。

チャンス。ここしかないと思った僕は、この状況をむらまつ君が見ていることも確認し、おばあちゃんに言ってやりました。「本人です」と。するとおばあちゃんが、「そんなわけないじゃない。あの人は芸人さんなんだから、こんな昼間っからお祭りに来られるほど暇じゃないんだよ。あんたみたいに昼間からビール片手に、手下みたいなの引き連れて遊んでるわけないでしょ。人をからかうのもいい加減にしなさい」というとんでもないカウンターをくらいました。

気を使ったむらまつ君は、「本人ですよ‼　ほら後藤さん！　名刺‼　名刺見せてやりましょう！」と言いました。芸人が本人であることを名刺で証明するって、名刺代わりの何かが何もないって言ってるようなもんじゃないか。恥ずかしくなり、その場を去りました。今年の打ち上げ花火はなんだか滲《にじ》んで見えるなぁ。

20230927

亀を助けてみたら

妹と仲良さそうで良いお兄ちゃんだねとよく言っていただきます。事実と異なるとよくないので、本当のことを言っておきます。先日、妹から「お小遣いちょうだい」と連絡が来ました。断りました。良いお兄ちゃんの後藤です。よろしくお願いします。

先日子供の頃を思い出すために友達と公園でシャボン玉をしました。その公園は真ん中に大きい池があって周りにポツポツとベンチがおいてある公園で、そこのベンチに座ってシャボン玉をしました。

すると3人の少年がやってきました。「池の近くでなんかこそこそやっているなぁ」と眺めていたら、少年のうちの1人が何かを持っていることに気づきました。亀です。少年が亀を片手で持っているのです。そこの池にいたんだと思うのですが亀を持って掲げていたのです。

あの絵づらは初めて見たのですが、あの状況は何だか知っている。少年3人が亀にちょっかいをだしている。僕の持ち物が釣り竿ではなくシャボン玉だったってだけで、あの状況は完全に浦島太郎でした。

これは浦島太郎にならなければいけないと思い、僕は勇気をだしてその少年たちに声をかけました。「その亀はこの池の亀かい？」と。

すると少年たちは「そうだけどなに？」と言ってきたので、震える足に気づかれぬようにお尻に力を入れながら逃がすように説得しました。

なかなか応じない少年たちを動かしたのは、夕焼けチャイムでした。僕と夕焼けチャイムの活躍により、亀は解放されました。これできっと、亀が僕か夕焼けチャイムを竜宮城に連れてってくれるに違いない。そう願いながら後日、またその公園に行ってみました。待てど待てど亀の迎えは来ませんでした。ああ、きっと夕焼けチャイムが竜宮城に行ったんだな、と落胆して池を眺めていました。

するとあることに気づきました。そうです。池がすっごい汚い。緑色よりも緑色。ここに連れてかれるくらいなら昔話にならないほうがマシだなと思い、立ち去ろうとした時、そこの公園にいつもよりちょっと渋みを増した夕焼けチャイムが響き渡りました。

20231025

フライト中の事件

「時は金なり」という名言がありますよね。これって誰の名言でしたっけ。あ、思い出しました。コロ助だ。どうもコロ助です。間違えた、後藤です。よろしくお願いします。

最近学園祭のイベントなどで色々な場所に行かせていただいているのですが、この間、飛行機内でちょっとしたハプニングがありました。僕はフライト中に立ち上がるのが苦手で、シートベルトは常につけてじっと座って移動したく、必ず乗る前にトイレを済ませたりするのですが、まさかの角度から立ち上がらなければいけない状況が訪れました。

離陸して飛行機が雲の上あたりに来た時に急にプツンという音が鼻から聞こえて、だらだらと鼻血が出てきたのです。今までにそんなことはなかったのでティッシュを入れているカバンも、上の物入れに置いており、何も持たずに座っていたので、ただ流れる鼻血を両手で受け止めることしかできませんでした。

両手が真っ赤になり鼻にも血がついている状況で、シートベルトを外してもいいよというサインをじっと待っていました。「ポン」という音とともにシートベルト外して大丈夫のサインになったのでトイレに行こうとした時、ふと思いました。

僕が座っているのはだいぶ前の方。トイレがあるのは一番後ろ。顔と両手に血を付けた客が通路を歩いてきているのを目撃したほかの乗客は悲鳴を上げるんではないか。その悲鳴で機内が大パニックになってしまうのではないか。僕の鼻血でそんなことになるのは避けたい。と座っていろいろ考えていてハッと気づいたその時、もう空港についていたのです。

そうです、寝てしまったのです。しかも鼻血を隠すことなく両方の手のひらを横に広げて、ものすごくオープンな状況で寝てしまったのです。見る人が見たら相当な大ダメージです。

この状況の僕を誰かが見つけて羽田に戻ってきた可能性もあるのではないかと震えていた時、僕の目に飛び込んできたのは「お目覚めですか?」と書かれた、寝ていて飲み物を頼めなかった人の席に貼ってくれるシールでした。とどめを刺された相手にめっちゃあおられてるみたいで、ものすごく悔しかったです。

2023 11 22

釣れちゃったよ

寒くなってきましたね。暑い日々が続いて急に寒くなりましたね。「前まであんなに暑かったのに急に寒くなるとか拷問だろ！」ってサウナ好きの友達が言っていました。「どうしてサウナが好きなんだ」と聞けなかった僕が後藤です。よろしくお願いします。

先日、海釣りをしたくなったので横須賀の海に出かけました。釣りをしたことはあまりないのですが、魚のアタリを待っている時間が好きなんです。

後輩芸人を1人連れて行きました。行きの車内で「後藤さん釣り好きなんですね」と言われたので「俺結構釣りするねぇ」と、海釣りはほぼ初めてなのに謎の嘘をついてしまいました。海に着き、釣り初心者の後輩はすぐに魚を釣り上げました。僕のことを魚博士だと思っている後輩は、「この魚なんですか」と聞いてきました。全く分からない僕は「これはねぇ」とじっくり時間をかけて魚を見つめていました。

すると、横で釣りをしていたおじさんが「ウミタナゴ」と呟きました。僕も思い出したかのように「あ、これウミタナゴか。本当だ」と言いました。「食べれるんですか？」とたて続けに質問をする後輩。

一か八か「食べれない」と即答してみた僕の横で、おじさんが「唐揚げか天ぷらだな」と呟きました。僕はすぐに、「生ではね」という言葉を付け足しました。

そんな会話の中、僕の竿にもアタリが来ました。全く見たことがない魚。当たり前のように後輩は聞いてきます。「なんの魚ですか」。先ほどと同様時間をかけて観察する僕。「ベラ！」と呟くおじさん。思い出したかのように「ベラかぁ」と言う僕。「食べれるんですか」と後輩。「食べれる」と即答する僕。「小さいから食べれない」と呟くおじさん。「大きくなったら」と付け足す僕。

先ほどと似た流れに後輩は「本当に詳しいんですか」と疑ってきました。「詳しいよ」となぜか見栄を張ってしまいました。釣れない時間が続く中、横のおじさんが帰ってしまいました。もはや釣れないでくれと思っていた矢先、僕の竿にアタリが。「頼む！外れてくれ！」。そう願いながらリールを巻きますが、針から外れず釣り上げることに成功。後輩が「これはなんですか？」。僕は即答できました。「タコ!!」。タコめっちゃ分かりやすいありがとう。

20231227

それを先に言えやギャル

こんにちは。皆さん、今年も残すところ少なくなってきましたが、やり残したことはありませんか。

僕は1つだけあります。それは、「コレステロール入り」という油を手に入れることです。今までの人生、油を買う時に「コレステロール0」という表記につられ、すぐに手に取って買ってしまっていましたが、逆に「コレステロール入り」という油を見たことがないことに気がつきました。これに気づけただけでもいい1年だったと言えます。

遅くなりました、後藤です。よろしくお願いします。

先日、金子きょんちぃというギャルの芸人に誘われて、酉《とり》の市という浅草で行われていたお祭りに行ってきました。熊手というものをご存じでしょうか。熊手は買ってから1年たったらそれを処分してもらい、ワンサイズ大きいものを新しく買って毎年どんどん大きいものにしていくというのが一般的らしく、きょんちぃは去年も行って熊手を買ったからデカくしたいとのことでついて行きました。

熊手を買う予定のない僕は、ただただきょんちぃについて行きました。着いてみるともう隙間がないくらいすごい人の数で、熊手の売り場に着くのがやっと。熊手のお店もいっぱいあるのでどこで買うのか尋ねると、芸人の先輩が手伝ってる店があるからそこで買うとのことでその売り場に着きました。

目的通りきょんちぃは、昨年の熊手よりワンサイズ大きい熊手を手に入れました。たとえるなら普通のうちわからアイドルのライブに持っていく用のうちわくらいのサイズ変更です。帰ろうとすると、その店を手伝っていた先輩が「これ持っていきな」と僕にもおもちゃの風車くらいのサイズの折り紙のような熊手をくれました。

辺りを見回すと、かなりの人が50型テレビくらいのサイズの熊手を上に掲げながら歩いていました。そういうルールもあるのかと思い、僕もその熊手を掲げて人混みをかき分けて帰りました。人がほとんどいない出口までたどり着き、「あれなんでみんな上に掲げて歩くの？」ときょんちぃに聞くと「大きい熊手は人混みでごちゃごちゃになって崩れないように掲げている」とのことでした。先に言えやギャル。よいお年を。

20240131

2024年序盤、すでに2敗

遅くなりましたが、あけましておめでとうございます。昨年はタワーマンションから引っ越しただけなのに「四千頭身後藤タワマンから転落」というニュースが出てしまったので、今年はまたタワマンに引っ越して「四千頭身後藤タワマンに浮上」というニュースを皆様にお届けすることを目標に頑張ります。今年もよろしくお願いします。

先日、運動不足を解消するために後輩と2人で家の近くの体育館に行ってバドミントンをしました。周りにもたくさんのバドミントンプレーヤーがいて、時間ごとにコートを順番に使っていくというシステムでした。自分らの番が回ってきました。割と人が多かったので僕なんかが生意気ですが顔バレを気にして帽子を深く被ったままバドミントンをしていました。

2人でラリーをするのですが、やはり帽子が邪魔であまり続きませんでした。順番が終わり後輩が「ジュースを買いに行ってくる」といなくなっている時、50代くらいのお姉さんのソロバドミントンプレーヤーから「よかったら1戦どうですか」と声をかけられました。あまりにも急な出来事に、僕は考えるよりも先に首を縦に振っていました。

お姉さんとの試合が始まりました。なかなかの経験者だったのですが、ギリギリお姉さんの方が押してる感じでした。その時、「お兄さん帽子取ったらいいじゃない」と言われました。僕はなぜか、「その必要はないです」と、天才バドミントンプレーヤーみたいな返しをしてしまいました。

帰ってきた後輩は何が起きてるんだという驚きの目でこちらを見ています。お姉さんリードで点差が開き始めた時にもうバレたっていいと思い、意を決して帽子を外しました。帽子を外した僕のことをじっと見つめたお姉さんは5秒くらい間をおいて「ようやくだね」と言いました。

お姉さんは僕が帽子を外したことにより本気を出し始めて、えげつないスマッシュを決めまくってきました。結果ボコボコにされまして、僕のことなど全く知らない感じでした。2024年の序盤から2つの敗北を味わいました。

20240228

ロケバスの2人

どうも、今月で27歳になりました。後藤です。アナゴさんと同い年です。27歳になったので僕も今年からマスオさんのことをフグ田くんって呼ぼうと思います。よろしくお願いします。

今日は先日1人で行ったロケでの出来事を話します。

そのロケの内容は全く聞かされておらず、番組のタイトルが「ザ・ゴール」ということだけ聞かされていました。木曜日に名古屋で早朝から撮るということで、水曜日23時のラジオ終わりにロケバスが代々木まで、僕を名古屋へ送り届けるためにやってきました。

このロケバスが少しおかしかったのです。運転手さんと僕の2人しかいないのに10人乗りくらいのハイエースなのです。芸歴も9年目になる僕、なんとなく勘づいてしまいました。これ、ドッキリかと。そう勘づくと全部怪しく感じられてくるのです。「タイトルしか教えてくれない」「名古屋で早朝から」「他の出演者も教えてもらえない」――。これはドッキリに違いないと思いました。

そこから僕は、名古屋に向かう車内で、何のドッキリかも分からないまま、なんとなく「もうなにこれー!」とか「なんか教えてー!」

とか、知ってるのに「どこ向かってるのー?? !」など、大きめにリアクションしながら名古屋までの4時間の道中を過ごしました。

眠いはずなのですが、ちょっと気を張っていると眠さなど忘れてしまうのです。ホテルについてからも部屋が怪しく感じるのです。スタッフさんからは、「朝8時に迎えに来るのでそれまでにすぐに出られるようにしておいてください」とだけ伝えられました。ドッキリだと思ってる中でのその説明は怖すぎました。

スタッフさんが出て行った後も部屋の中でリアクションをとり続けました。「怖いって～!」とか「なにされんの～!」とか。あまり眠れないまま、言われた通り8時に出られるようにしてスタッフさんを待ちました。

スタッフさんは普通に迎えに来て、普通に名古屋に隠されたゴールを目指して他の芸人さんと競争する番組でした。ドッキリのカケラもない、他に説明することがないくらいめっちゃ「ザ・ゴール」でした。ロケバスの運転手さん、怖かっただろうな。

20240327

Yさんは僕じゃない

校長先生「後藤拓実!」。僕「はい!」。

このコラムはこの回で最後ということで、いつも自分から名前を言わせていただいてるのですが、今日は卒業式っぽく校長先生に名前を呼んでいただきました。

あぁ僕が何か悪さをしておけば留年して、もう何年かここにいれたのに寂しいですね。今日で最後ということで、誰にも教えていなかった速く泳げる方法を教えたいと思います。

その前に最後のおもしろエピソードを。この間友達と待ち合わせをして待っていたら僕のことをチラチラとうかがってくる女性がいました。たまにあることなので気にしないでいたのですが、チラチラが次第にジロジロに変わり、ゆっくりゆっくり近づいて来ていたので、こちらから「どうされましたか」と声をかけました。すると女性は「Yさんですよね」と言ってきました。

周りに人も多かったので、気を使って後藤さんともGさんとも言わず「読売新聞で連載をしている後藤さん」もしくは「四千頭身の後藤さん」を略してのYさんと呼んでくれたのだと思い、「はいそうですよ」と答えました。すると女性は「それじゃあ行きましょうか」と言いました。「それじゃあ行きましょうか？　どこにですか」と戸惑っている僕の後ろから本物のYさんが現れ、2人はどこかに去っていきました。

マッチングアプリでした。あの方からしたら一旦Yさんと嘘をついた僕は何者として思い出に残っているのだろう。どうですか。これが僕のラストコラムです。名残惜しいですよね。卒業は終わりではなくここからがスタートです。なんて言葉を卒業式とかでよく聞きますよね。本当にそう思います。

しかし、ただ待ってるだけではだめだと思います。これがスタートになるかどうかは自分次第だと思います。思うじゃんけんも卒業ということにします。そして僕は、日記にあったことを書き続けます。これを終わりにしないためにです。

みなさま本当にありがとうございました。最後に速く泳げる方法。フィン。

2023/4 ― 2024/3 解説

この年はいろんな支払いに追われながら過ごした1年でした。タワーマンション生活が終わったのはこの年です。ギリギリでタワーマンションで暮らす上半期からまたゼロから普通のマンションで暮らす下半期。大きな環境の変化がありました。一旦底をつきそうになった貯金を昔の後藤が隠していたラスベガスのカジノで増やしたドル札を見つけ出して換金して食いつないだりもしました。芸人人生で一番のカツカツの1年のコラム、振り返っていきましょう。

まずはクロムツのお話。自分も新生活が始まるとも知らずに新生活を始めた皆さんに対して慣れてきたか生意気に聞いていますね。焦らず言ってます。この頃から少し焦るべきでした。そこからの釣りをしたお話。懐かしいですね。ダジャレは確かに大変でした。それに対してこの頃行ったのは2泊3日でゆっくり釣りをする番組。このテイストの落ち着いたロケに行けたことがすごく嬉しかった記憶があります。思い切ったボケをすることもなければ海に落ちたりとかもせず、ゆっくり

釣りを楽しみました。このロケを経験するのがちょっと早かった。もう売れに売れまくった人が行くロケなもんですから完全に自分もその位置に行ったと油断しながら釣りをしました。そんなロケのコラム。もう一生安泰くらいに落ち着きを感じました。落ち着いた人が書く余裕のあるコラムです。だからなのか読みやすい。落ち着くことも大事なのかとすら思えます。今の僕は落ち着きがないもんですからダジャレを言って締めてしまうと思います。「ムツのダジャレはムツかしい（難しい）ですね。」こんな感じになります。多分落ち着くことも大事なんでしょうね。次行きます。

早速住む家の話を書いていますね。カッコつけずに家賃が払えなくなったことを書いたことは褒めてあげましょう。ただ問題はアイドル気分でいること。あいなぷぅさんとチェキを撮れるライブに出させていただいて60枚撮って僕はアイドルだと言っていますが、これは僕が家賃が払えなくなったとカミングアウトしたテレビを見たあいなぷぅさんが開いてくれた「四千頭身後藤くんにギャラいっぱいあげたいライブ」という名前のライブでして、集まってくれた方は僕とチェキを撮りたいというよりか僕を助けたいという思いで来てくれた方々です。それを隠してアイドル気分許せません。募集したルームシェアですが金の国というコンビの桃沢くんが来てくれました。桃沢はとても面白い男でありましてこれを書いてるいまキングオブコントの準決勝に進出しております。この本が出る時には優勝してるかもしれません。僕は先輩としてではなく元同居人として金の国を本気で応援し後ています。がんばれ金の国。次行きます。後輩と少年とドッジボールをした話ですね。少年が僕に向かって投げたボールをキャッチした後の「僕の白Tシャツは一瞬で漂白を求めてきました。」は秀逸ですね。一瞬で汚れたって言えば分かりやすいのに漂白を求めたっていう表現。書きながらニヤニヤしていたことを覚えています。そしてドッジボールした後日、もう一度その公園でたまたまその少年たちに会いました。僕らがいる公園に自転車できた少年たち。ボールは持っていなかったので今日は遊ばないのかなと見ていると少年たちは僕らに中指を立てて帰っていきました。僕たちは一瞬で彼らの心に漂白を求めました。今もニヤニヤしました。次行きます。後輩の家にバーカウンターを置かせてもらった話です。バーカウンター、これを読み返すまですっかり忘れてしまってました。再びごめんねうえやまくん。様子を見に行ってきました。バーカウンターはそのままきれいに残っていました。うえやまくんは意外とうまく使えているそう。このままうまく使ってもらえるならあげてしまおうかなと思いましたがさすがに申し訳ないのでまだ僕のものです。金額を考えてあげない訳じゃありません。申し訳ないので僕のものです。本当です。急いで次行きましょう。夏祭りの悲しい思い出ですね。今年も行ってきました。今年は地元の友達と行きました。地元の友達と行ってるのでワーキャーを求めることもなく帽子を深く被り行きました。友達は帽子を深く被る僕になんでそんなに帽子が深いんだと聞いてきました。もし騒ぎになったら申し訳ないからと答える僕に友達は一言。「なんで騒ぎになるの？」

と。もう僕が少しテレビに出ていることも忘れているじゃないか。今年もくっきりとした花火を見ることはできませんでした。次行きます。亀を助けた話です。最後の「公園にいつもよりちょっと渋みを増した夕焼けチャイムが響き渡りました。」の部分。これ分かります？　夕焼けチャイムが竜宮城に行って帰ってきて玉手箱を開けておじいちゃんになっていたということを書いているのだと思うのですが。。。すっごいオシャレですよね。素敵だよコイツ。でもめっちゃフィクションですよね。渋みを増して聞こえました。にしといたらよかったな。コラムなのにSF級の嘘になっちゃってますからね。ただそう聞こえたことには間違いないですから大目に見てくださいさい。次です。飛行機で鼻血が出た話。これはね今もたまに思い出して震えるんですよ。

この時は何のトラブルにもならずに済みましたがまたこんなことがあったらトラブルになるかもしれませんよね、この時から飛行機に乗る前にポケットにティッシュが入ってることを確認するようにしています。ただ毎回と言っていいほどトイレに行くことを忘れて席で震えています。どっちの対策もして飛行機に乗れるようになった時に航空会社がいつも言ってくれるいい空の旅になることでしょう。次です。釣りの話ですね。この頃の僕に言いたいことは一つだけ。お魚図鑑買ったよ。です。次に釣りに出かける時はちゃんと読んでから行くね。持っていったらお魚博士じゃないもんね。お魚図鑑、目は通すんだけどクジラとかサメとか迫力のある魚だけに目が行っちゃっていろんな魚に詳しくなれない。いろんな魚がいるんです。ちょっとなぞかけやってみます。海とかけまして、主人公の彼女役とときます。その心はどちらも広いん（ヒロイン）ですね。次行きます。小さい熊手を掲げてお祭りを歩いた話。恥ずかしい思い出ばかりです。最後の方の文の「先に言えやギャル。」が少し鼻につきますね。自分がギャルと対等に、いやそれ以上に会話できるみたいに見せてる感じがします。一つ言っておくとたとえ後輩とはいえ僕はまだギャルには緊張します。先に言えやギャル。なんて言えるわけがありません。自分を大きく見せるために生意気に書いてしまいました。この時きょんちぃに熊手を掲げる理由を聞いたあとの僕の本当の反応は「先に言えやギャル。」ではなく「そうなんですね。教えてくれてありがとうございます。」だったはずです。次です。年が明けて1発目のコラム。敗北を2度味わったことを赤裸々に書いていることからもうプライドを捨てていることが分かります。成長です。ただなぜそんな男が顔バレを気にしているのか、おそらくバドミントンをしているのが平日の昼なので暇だと思われたくなかったのでしょう。ちょっとプライド見つけちゃって申し訳ないね。次行きます。ドッキリかもと思いおおきなリアクションを取ってロケバスの運転手さんをビビらせた話。昔僕はドッキリを仕掛けられた時にリアクションが薄すぎてほぼカットになってしまったことを機にドッキリを仕掛けられることがなくなりました。その時はドッキリなんて仕掛けられないほうがいいんだからよかった。なんて思っていましたが状況が変わりどんな仕事でも待ってますというスタンスに変わった後藤が「僕おおきなリアクションとれるようになりました。ぜひドッキリ仕掛けてください。」

ということを伝えたくて書いたコラムでしょうなこれは。次が本当の最後ですね。最終回のコラムです。終わりたくなさそう〜。そうだよなこの時期に連載まで終わってしまうなんて。フィンで綺麗に締めていますのでここも綺麗に締めてあげたい。M-1の予選などの時間制限があるお笑いの大会では終了時間が迫っていることを知らせるためにネタ中にもうすぐ時間ですよという合図の警告音が流れてきて時間を過ぎてしまうと爆発音がなって強制終了になります。僕はこのコラムをM-1と同じくらい大切にしているので丁寧に終わりたいと思います。やっぱりね、連載はフィンで終わってますから、再出発の意味も込めてリスタート的なニュアンスで終わりたいですよね。どうしようかな。リス、リス、タート。リスタートの同音異義語を探すのが難しいな。リスはあるけどタートっていう言葉がないもんな。リスがタート。タートって意味分かんないな。リ、スタート。リスタ、ート。リ、スタート。リ、リ、リス。ボカーン!!!!!!

特別編

20240830

酒

僕ね、お酒が好きなんですよ。ほぼ毎日飲むレベルです。ただこの今の状況。何か変えなければと思い、とある神社に行きました。その神社でお酒を1年やめます、なので仕事をくださいと願掛けをしてきました。そして今大好きなお酒を飲んでいないんです。半年以上経ちました。

飲みたいと思うことはもちろんありますがお酒を飲まないと誓ったことで普通に生きてて迷うことがあるんです。料理をしている時の事、レシピ通りに作っているとそのレシピに書いてあったのは「みりんを小さじ2杯」そこでハッとするのです。みりんってアルコール入ってるじゃん。と。

いろんな人に聞いてもみりんは大丈夫でしょうと言いますが、僕がアルコールを摂取したかしてないか決めるのは神様です。神様に聞くことはできないので僕は今みりんも料理に入れることができない状況です。もちろん料理酒もです。

それとたまに訪れる飲み会の現場。ここでも迷うことがあります。普通にソフトドリンク飲んでればいいやとウーロン茶を頼もうとした時あることを思い出しました。普通にお酒を飲んでいた頃、ウーロンハイを頼んで飲んだらウーロン茶だったことあるよなと。お酒を飲む人だったらこういう経験あると思います。

その時はこれウーロン茶ですと店員さんに言うか、普通にそのままウーロン茶を飲めばいいだけだと思うのですが、これが逆にウーロン茶を頼んでウーロンハイだった場合どうしようと。確認もできないんです。確認してもしもウーロンハイだった場合、僕の体内にはアルコールが入ってしまっているのです。それが怖すぎて僕は飲み会に呼ばれてもソフトドリンクすら飲めない状況です。

禁酒がこんなにつらいことだとは思いませんでした。早く1年経ってほしいです。今僕は1年経ったら叶えたい夢があります。行ったことない沖縄に行ってコテージに宿泊するんです。早く一緒にお酒を飲みたいと言ってくれる後輩たちがいるのでみんなを連れて行って盛大なパーティですね。そこで僕は料理をします。念願のみりんを大量に入れてウーロン茶で乾杯してやるんだ。

20240830

石橋を許すな

僕の相方である石橋遼大という男。僕はあいつを許しません。

彼はこの間、番組の企画で100キロマラソンに挑戦しました。僕も石橋くんの応援で駆け付けました。10キロごとに1回10分の休憩があるのでそこで僕は一生懸命石橋くんのサポートをしました。スポーツドリンクを渡したり、脱いだランニングウェアを干して新しいランニングウェアに替えたりバナナを持ってきたりおにぎりを持ってきたりいろんな事をしました。

80キロ突破した時の休憩の事、僕があいつを許さない事件が起きました。80キロ地点でもう足も体力も限界に近い石橋に僕は声を掛けます。何か食べた方がいいと。それはわかってるが今は何も食べられないという石橋。でもトレーナーの方も食べられなくても食べた方がと言うので僕は何か食べられるものを探しました。そこで見つけたのがカットオレンジです。カットオレンジなら食べられるという石橋くんに僕は急いで持っていきました。マウスピースをはめ込むような感じでカットオレンジを一口で食べる石橋に僕はゴミを捨てとくよと手を差し出したんです。石橋くんは僕の手にカットオレンジを置きました。

その時の状況を文字で表します。（手　　これです。分かりますかこれ。

普通の人間なら　　）手　　こう置くはずです。説明しますとカッコが表してるのがカットオレンジです。彼は僕の手に食べた面を載せたんです。しかもきっちりハマるように。（手　　これです。最高に許せないでしょ。80キロ地点とか関係ない。どんだけ疲れてても　　）手　　これはできるはずです。この時、こいつは完走できないと思いました。案の定石橋は完走できませんでした。完全に（手　　これの罰が当たったんです。また挑戦するのであればカットオレンジを渡すときは気を付けた方がいい。走る練習じゃなくカットオレンジを渡す練習をするべきだと思います。その時の事を僕は許してないので彼にネタが書かれた紙を渡すとき裏面を向けて渡してます。

20240830

アツぃおじさん

毎年ありがたいことに色んな学校の学園祭に呼んでいただきまして、ネタをさせてもらったりじゃんけん大会に参加させてもらったりするのですが、ある学園祭の帰り道に遭遇したおじさんがいました。静岡県の学校に呼んでいただいた帰りに新幹線のホームに行くと都築におじさんが探してるよと言われました。どうやらおじさんは都築と石橋のサインを手に入れた後、僕を探し回ってホームをダッシュで何往復もしているとのこと。

そんなおじさんにはぜひサインを書いてあげたいなと思い、待っていると反対側のホームをダッシュするおじさんを見つけました。僕だけ反対側に帰ることとあんまりないだろうと思いながら、入れ違いにならないためにも僕はそのおじさんをその場で待ちました。おじさんは反対側の階段を駆け上がり、こちら側のホームにやってきました。「やっと見つけたぁ!」息を切らしながら僕にサインを求めてくれました。

周りの人たちからの視線を釘付けにしていたおじさん。そんなおじさんが探していたのはこの人だったのかと僕にも注目が集まりました。

少々恥ずかしかったのですがマスクと帽子をしていた僕に誰も気づくことはありませんでした。ホームで人にバレてしまうと新幹線の中でもずっと一緒なのでずっと見られている気がして気まずいんです。3人のサインを無事手に入れたおじさんはありがとうございます、また来てくださいといいました。静岡の方なのにわざわざ入場券を買ってホームまで来てくれてたんです。周りからの視線はまだ四千頭身とそのおじさんに集まっています。サインを書いているんで有名人だろう。誰だ誰だ。そんな視線です。

みんなマスクをしているので四千頭身とバレることなく新幹線に乗り込み、扉が閉まる直前そのおじさんの「頑張れ四千頭身！　頑張れ四千頭身!!」という声が新幹線内と駅のホームに響き渡りました。知っている人には全員にバレました。おじさんは動きだす新幹線を「頑張れ四千頭身！　頑張れ四千頭身!!」と叫びながら追ってくれました。頑張るね！　四千頭身!!

読書感想文「大胆不敵な男《ひと》」　都築拓紀

はじめましての方ははじめまして、そうじゃない方はそうじゃないまして、後藤先生の相方をやらせてもらってます都築《つづき》です。イントネーションがたまに「鈴木」のイントネーションになってしまう人がいますが、「総理」と同じイントネーションで覚えてください。電話でお店の予約などを取る際に、「すずき」はもちろん、「つつじ」や「たつき」などと間違えられることが多いので「小林」で予約を取っていますが、本当は都築です。あの時嘘をついてしまった店員さんすみません。

リスペクトを込めて、書き出しは何となく後藤先生スタイルで担当させていただきました。書き出しは終わったので後藤先生スタイルは退勤となります。お疲れさまでした。あ、満足そうに帰っていきましたね。気持ちの良い勤務だったのでしょう。

今回、この本の読書感想文を頼まれまして、今こうしてお邪魔させてもらっているわけなのですが、読書感想文なんて久しぶりです。当たり前ですよね。「趣味読書」は全然理解できるけど、「趣味読書感想文」の大人なんて変態ですもんね。仕事にしている人は別ですよ。

僕の記憶では、小学5年生の夏休みの宿題を最後に読書感想文なんて書いていません。小学6年生の感想文は母親に書いてもらいました。当時4年生の妹も一緒に母に書いてもらって、それが兄妹揃って入賞してしまったのをいまだに覚えています。それ以降、僕と妹は母に逆らうことが出来ません。弟はその経験が無いので少し母に生意気です。まだ母の読書感想文力を知らないなんて。

いいんですよ、僕の話なんて。

この本の感想ですよね。それやりましょ早く。

本当に自由に書いてもらって構わないという指示をもらいまして、何をどう書こうか悩みながらも、とりあえず一通り読ませていただきました。なので、まず読み終えた感想から率直に言わせていただくと、「良い」です。読み終えた直後「どうだった？　この本」「良い」という会話が成立したので、それ以上でもそれ以下でもありません。めちゃくちゃいじり所を探しながら読んでみたりもしたのですが、当たり前ですけど読売新聞に掲載されている時点でそんなのあまりないんですよね。そんな中でも、一応メモをしながら読んでいたのでそのメモを見返しながら細かい感想を綴れたらなと思います。

まずは、【ルーキーズになれない】の冒頭ですね。「四千頭身といったらの後藤です。」

キモいですね。２０１９年のコラムなのですが、当時見ていたらどう思ったのでしょう。案外、「それはそう」と普通に流している可能性もあります。もちろん、これがまごうことなき事実なのは今も昔も変わりないのですが自分で言っちゃうあたりですよね。さすがにキモくて良いなと思いました。内容は言わずもがな、良いです。２０２４年現在、めちゃくちゃ野球をやっていることを含め、良いです。

【焼きうどんパンとヤンキー】、【僕宛でないチョコ】、【卒業式の思い出】。このあたり総じて、良いです。個人的にすごく後藤先生味《み》を感じて楽しめました。

バレンタインの話と卒業式の話が２０２０年の2月、3月と来て、リズム良く気持ちの良い話が続いてる4月【バレたくない趣味】、勢いに乗って読んだ書き出し。「東京どうも学園」。はい、クソつまらないです。クソ。つまらなすぎて笑いました。さすがに「四千頭身といったらの」人だとは思えません。でも、それだって後藤先生です。ちなみに内容は、やっぱり良いです。

後藤先生の中でも反省をしたのか、この後の5月【テレビ電話むずい】の書き出し、凄く良いなと思えるものでした。良い時もあれば悪い時もあり、それを良いと思うか悪いと思うかも人それぞれですよね。やっぱ僕らは人間ですね。

【ネタを思いつく場所】、２０２０年の時点ですでにこのことは世の中にバラシていたんですね。そうなんです、後藤先生、嘘つくんです。特に、多分このくらいの時代に色々なインタビューを受けさせていただいたりしていて、同じような質問に同じような答えを続けていることに飽きちゃうのか、急に変な嘘つくんです。ものすごい嘘っぽい話とかでもないから、「嘘つけ!」とかは違うし、嘘だろうなと思いながら「あ、そうなんだ」とか、「そうねえ」とか相槌を打たざるを得なかったのを覚えています。安心してください、内容はもちろん、ですよ。

【芸人になった理由】もすごく良いですね。始まり方と終わり方に頓知《とんち》が利いていて後藤先生らしい尖り方。いわば、センス。夢ある世界に飛び込んで、早くにその夢を掴む姿。そして、まだまだ大きな夢を追う姿勢。そして、情熱。生き生きした後藤先生が文章からバンバン伝わってきます。

ローな芸風でありながら、内に秘めるエネルギッシュな一面があるからこそ後藤先生の活躍に至ったんだなと、この文章を読んで改めて感じました。

と思ったらどうしたんですか後藤先生!

時は飛び、2023年5月【アイドル後藤】。すべてがキツ過ぎます。なんですか、アイドル後藤って。あの後藤先生から、家賃が払えないから引っ越すなんて話、辛すぎますよ。なんですか、チェキを撮れるライブって。2年半という月日は短いようで長いですね。

正直、他人ごとではありませんから。４ＬＬＤＤＫＫの物件。ナイスワード！

２０１９年から始まって約5年間、そりゃ環境も変わりますよね。でも思っていたより文章の性質に変わりがないことに驚きました。5年もやっていれば、序盤は生意気そうなこととか恥ずかしい内容が色々出てくるんじゃないかと思って読み始めたのですが、全然そのようなことがなくて、感想文を書く身としては少しだけ困りました。凄いってことですからね。

【僕が11だとしたら】とか、【流行語になれない】、【２０２4年序盤、すでに2敗】など、他にも個人的に好きな話は色々あるのですが、全部書いていたらキリがないので、それは僕のメモに残しておこうと思います。後藤先生、気になったら個人的に見せますね。

コラムを通して、後藤先生の5年間を見させていただいたわけですから、僭越ながら、私の現在も最後に披露させてください。

少々傲慢ではありますが、いきます。

あおくていたくてモロヘイヤ〜、イヤッ！　イエイイェイイェイイェ♪、Ｈａ〜イヤッ！イエ〜イェ！♪（キマグレン「ＬＩＦＥ」）

任せてください、進化してますよ。

後藤コメント

これはかなり読書感想文といった感じで読みやすかったですね。全部良い。と言ってくれていますがこの文章総じて「照れ」を感じてすごく可愛らしい文になっています。良い、良い、ときて褒めすぎたと思ったら無理してキモいと言ってみたり、良いです、良いです、ときてクソつまらないと言ってみたり、思春期の少年が母親に送る手紙のような感じですごく良いです。最後のキマグレンの文は震えましたね。意味分からなすぎて震えました。進化してないし退化もしてないって感じでそれが彼の良いところだと思います。まぁ気持ち悪いですが。

読書感想文「止まらない変化」　石橋遼大

どうもみなさん。株式会社ブリヂストンとは何の関係もない四千頭身の石橋です。これを書いているのは真夏の8月。学生時代に宿題をしている感覚を思い出しながら相方である後藤君の本を読んで感想を書かせていただきます。

後藤君の最初の文章の感じを真似させてもらいました。こういうのって大切だと思うんです。読者に「後藤の文章が始まったな」と思わせる事ができる。本題に入る前の楽しみが一つ増やせるという点で、彼らしい人の心を不思議な力で引き込む能力がここにも遺憾なく発揮されているなと思いながら読ませてもらいました。

最初に僕が読んだのは最終話。僕の中で一番記憶が鮮明な最近の後藤君の文章を読みたかったからです。笑ってしまいました。スマートな終わり方をさせるなと思いすぎてしまったのです。後藤君が泳ぎが得意な事は我々3人の中での共通認識で、その人から速く泳げる方法を知れるなんて。僕はもうそこでワクワクです。そのまま後藤君が話していたのを思い出しながらスルスルと読める短くも濃密な内容でいよいよ最後。

「フィン。」

思わず「うまっ」と声を出して笑ってしまいました。家で読んでてよかったです。たった4文字で最初に振っていた速く泳げる方法も、【Yさんは僕じゃない】という作品も、丸5年続いたコラムも。全てをこれで終わらせてしまった。初回から読んでいた方は爽快だったろうなと。舞台でこんなに気持ち良い終わり方をしたらお客さん総立ちで拍手喝采が起きていると思います。

ただこれを書き終えた時の後藤君の顔が容易に想像できてしまいます。恐らく上歯で下唇を軽く噛みながら、エンターキーを中指で「バチンッ!」と押したんだろうなと。

ですが、最初から読んでいくのが楽しみになる最終話でした。

ページを戻し最初から読み進めていきますと、僕が聞いた事のない後藤君が見た景色を想像させてくれて、我々視点では感じる事のできない後藤君の頭の中を少々覗ける作品がずらり。当時絶頂期だった第七世代に物申したり、古《いにしえ》の時代から続くじゃんけんに噛みついてみたり。そんな小さな話題を自分の世界に引き摺り込み、広げて、全くの別世界に誘う事ができる。読者はそれを読んで笑う事ができる。そりゃネタ書けるわと初っ端《ぱな》から思わされました。

読み進んでいて引っ掛かったのが2点。まず【やらかしてしまった】で坊主頭にした話。

僕もあのツイートを今の今まで信じていた人間です。最近も散髪はするけど坊主にしないなぁとずっと思っていたんです。そしたらそのツイートをした次の日にはもう嫌になっていたなんて。聞いてません。もちろん嫌なんだろうなという気持ちは伸ばし始めてから察していましたが、今現在の髪型はいよいよどうにかして欲しいです。口では整えると言っているのですが、帽子被るから嫌だと言い整髪料の使い方を学んでくれません。いっそ坊主にしちゃえば良いのに。

そしてもう1点。それは読み進めて行き後半になるにつれて感じた事でした。後藤君が喋っている姿が頭の中で再生されるのです。前半のうちは初めて耳にするエピソードばかりなのですが、2023年頃になると後藤君の口から聞いた事のあるエピソードが増えている。これは僕にとっては非常に嬉しい事で誇らしい事です。後藤君が意識的にやっているのかは分かりませんが、単純にコミュニケーションが増えているのだなと。ラジオで話している内容のものもありますが、2019年でもラジオは毎週やっていた事に変わりありません。その中で初めて聞くものばかりとなると当時は芸歴3、4年で第七世代というものに括って頂き、急激に仕事量も増えて相方同士でどう接したら良いのかお互いにわかっていなかったんだと思います。特に後藤君に関してはトリオの仕事以外にもピンでの仕事も多くあり、そのほとんどが芸歴を重ねても緊張するであろう所謂《いわゆる》大きい番組という事でかなりの体力を使い、プライベートでリフレッシュする時間もほとんどなく精神も疲弊していた事でしょう。そしてそれだけピンでの仕事をこなしていたら後藤君の性格上、自分がしっかりしなきゃとか相方2人は何しているんだと腑《はらわた》煮え繰り返ってる時期もあったんだと思います。

ですがそんな時期を超えて相方2人もそれぞれで仕事を掴む事もあり、自分のやりたい事ができる時間が増え、心の余裕も多少でき、印象に残った事を共有してくれていたんだと気付かせてくれました。思えば先程の坊主の話でもそうです。3年前は後藤君が坊主嫌だなんて知らなかった僕ですが、今は整髪料嫌だって事を知っています。少しずつですが本当の後藤拓実を知れてきているのに気付かされる作品でした。

後藤コメント

最初の方かなり褒めてくれてますね。嬉しいです。後半の方は読書の感想文というか最近の僕へのお手紙のような内容でした。最後の方の相方2人に腑煮え繰り返っていた時期を超えてみたいなところからの文。なんなら今の方が腑煮え繰り返ること多いけど、それをあたかもハッピーエンドみたいにしやがって。やっぱりカットオレンジを（手　こうやって置くやつでしたわ。いい話にしようとして終わらせていく感じめちゃめちゃ石橋って感じ。彼は真面目なんですねぇ。

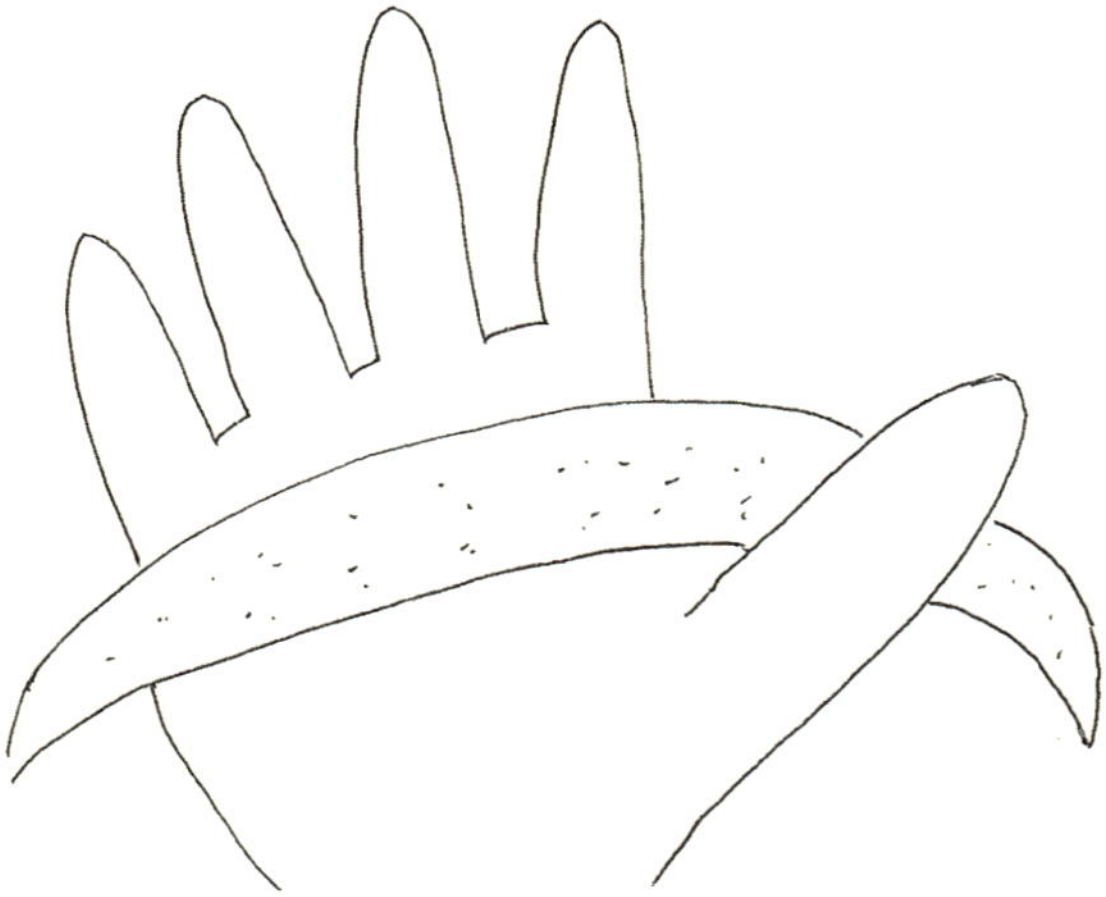

石橋が手に置いたカットオレンジの図

（画・後藤拓実）

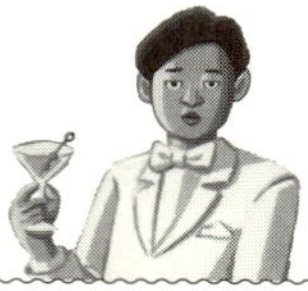

後藤グラフ

2019-2024年の後藤に関するさまざまな数値をグラフにしてみました。

カリスマ度

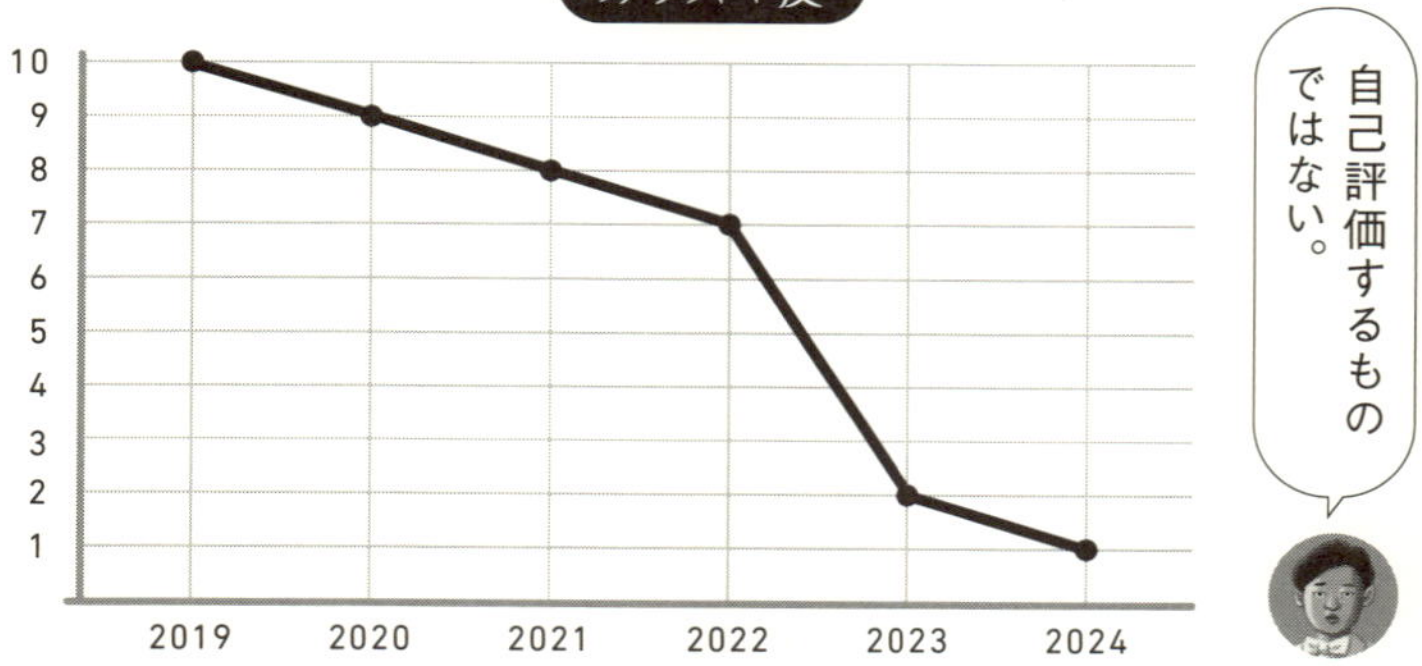

浪費度

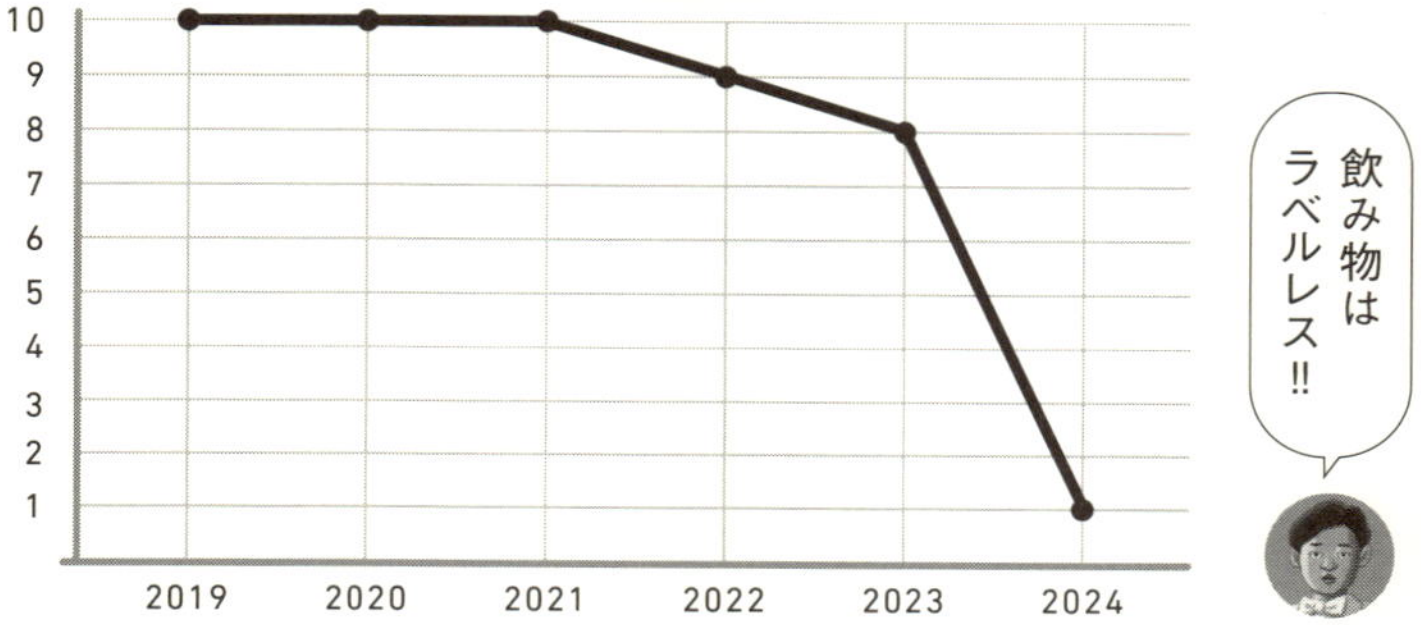

毛量

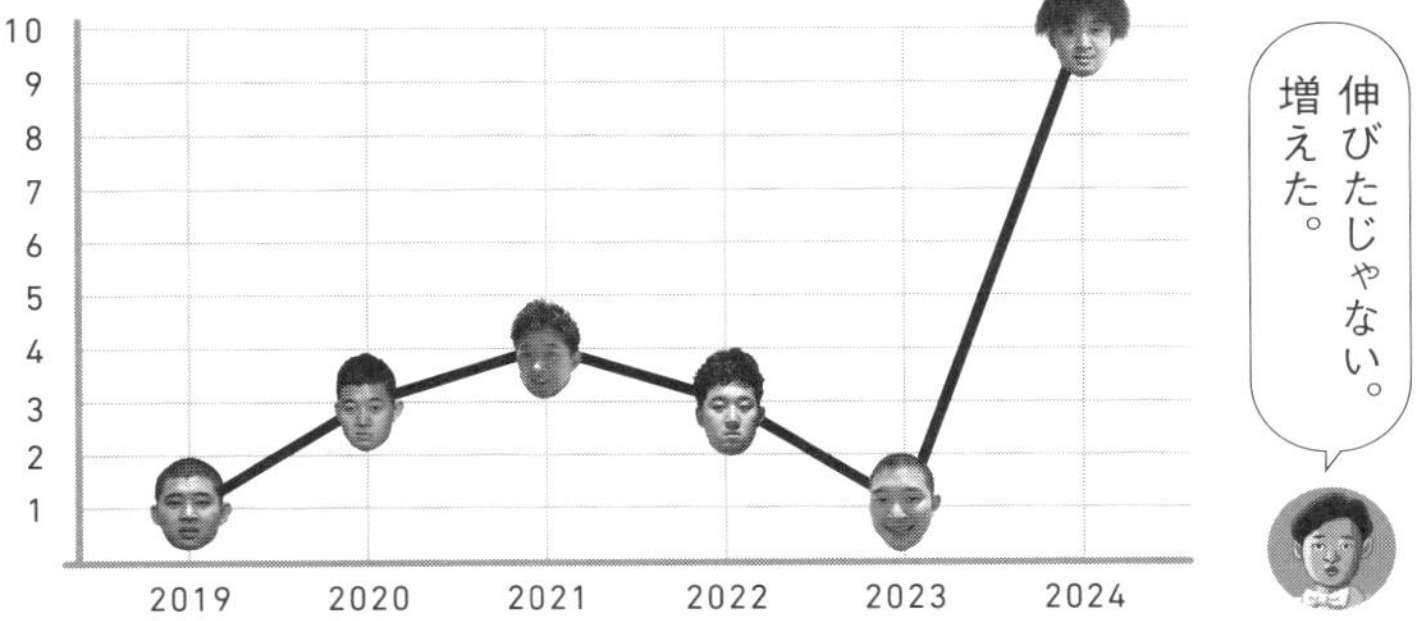
10 9 8 7 6 5 4 3 2 1
2019 2020 2021 2022 2023 2024
伸びたじゃない。増えた。

やる気度

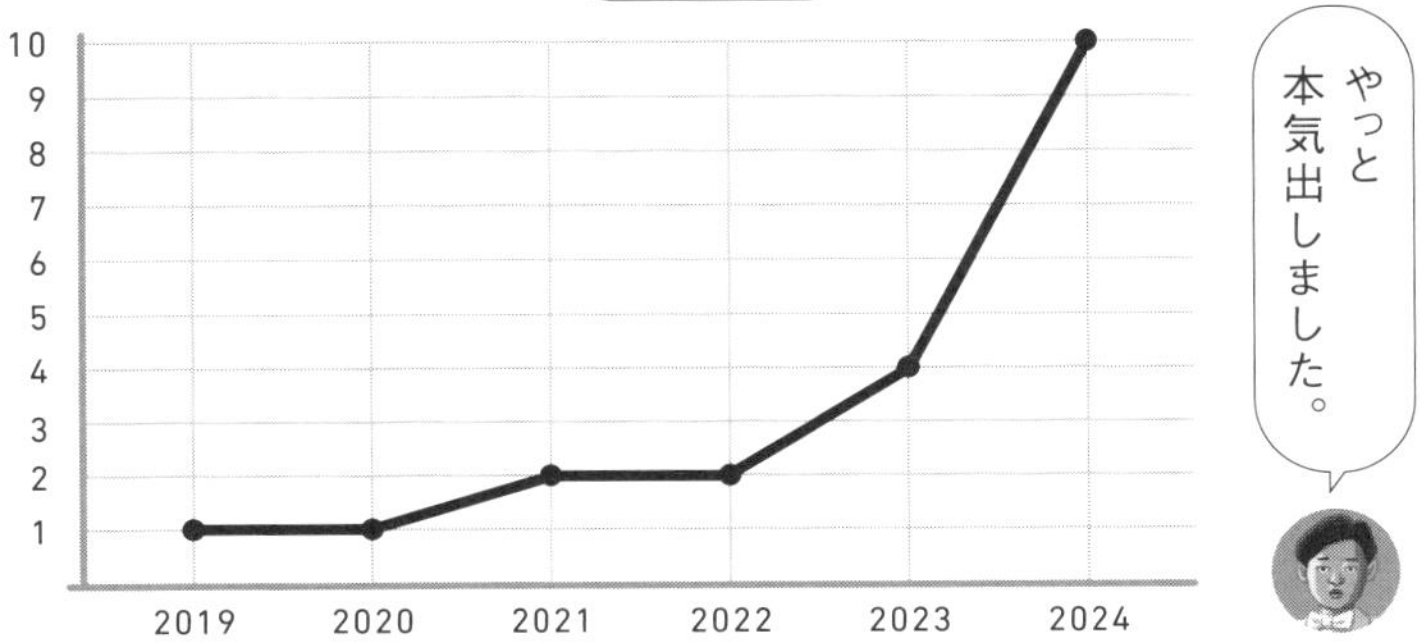
10 9 8 7 6 5 4 3 2 1
2019 2020 2021 2022 2023 2024
やっと本気出しました。

声量

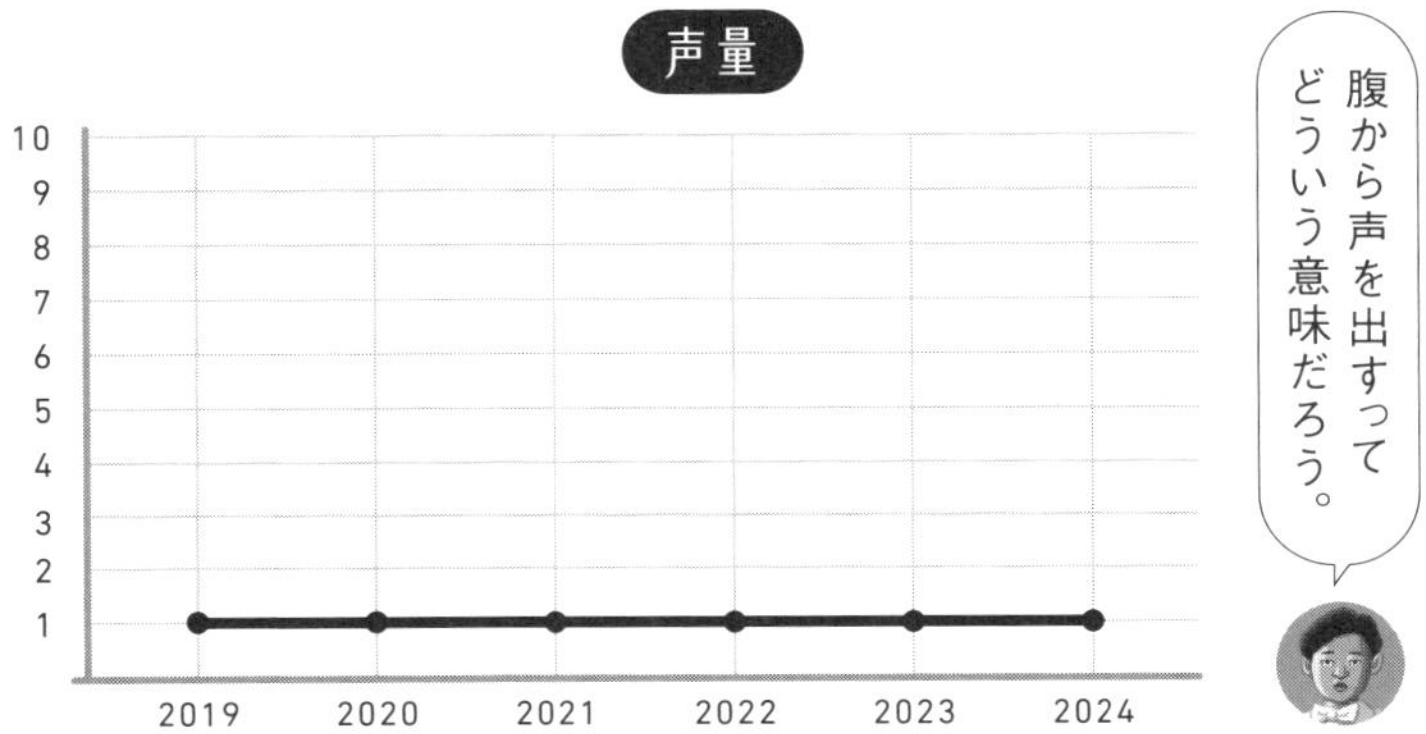
10 9 8 7 6 5 4 3 2 1
2019 2020 2021 2022 2023 2024
腹から声を出すってどういう意味だろう。

本書は読売新聞「popstyle」に連載されたコラム「思うじゃんけん」（2019年４月24日〜2024年３月27日掲載分）の中から57編を選んで加筆修正し、１冊にまとめたものです。「解説」「特別編」は書き下ろしです。

装画　紙谷俊平
装幀　鳴田小夜子

後藤拓実（ごとう・たくみ）

1997年岩手県大船渡市生まれ。埼玉県朝霞市で育つ。2016年、ワタナベコメディスクールで出会った都築拓紀、石橋遼大とともにお笑いトリオ「四千頭身」を結成。主にツッコミとネタ作りを担当している。YouTubeに四千頭身公式チャンネル「YonTube」、個人チャンネル「後藤の生活」を開設し動画を配信中。

安心《あんしん》できる男《ひと》

2024年12月10日　初版発行

著　者　後藤拓実《ごとうたくみ》

発行者　安部順一

発行所　中央公論新社

〒100-8152　東京都千代田区大手町 1-7-1
電話　販売 03-5299-1730　編集 03-5299-1740
URL https://www.chuko.co.jp/

DTP　市川真樹子
印　刷　大日本印刷
製　本　小泉製本

Published by CHUOKORON-SHINSHA, INC.
Printed in Japan　ISBN978-4-12-005864-6 C0095